# 住む、ということ

## 里山のちいさな暮らし

加賀江広宣

婦人之友社

# 住む、ということ

「住む」という言葉は、いつも、わたしたちのすごく身近にあります。思えば、人は生きる中で、常に何かの行為とともにあるものです。食べる、寝る、起きる、休む、働く……、こうしたことの質や良し悪しについては、さまざまなタイミングで考えさせられる機会に直面します。

けれど、「住む」という行為について、ふだん思いを馳せることが、どれだけあるでしょうか。もしかすると、家をつくる、家を買う、家を修繕するといったことの中でさえも、「住む」ことへの思いにたどり着かないまま、目の前の営みで、思いが止まってしまうこともあるかもしれません。

ドライブに行く、旅行に行く、レジャーに行く、外食をする、ホテルに泊まる……。こういう行為には何か、言葉を聞いただけでも、ちょっと味がするような気がします。例えば、「旅行に行く」なら、ちょっとだけゼイタクなメインディッシュのような、「レジャーに行く」なら、甘いチョコレートのような……。

「住む」という言葉はどうでしょう。あまりにも人生と直結していて、ふだんのさまざまな営みや、その人そのものと重なり合っているので、味わうこともないぐらい無意識な行為ですが、「住む」ということを改めて、思い、考えてみることは、いろいろなことにつながっていくように思うのです。

この本に綴っているのは、家づくりや日々の暮らし、子育てや夫婦の関係、地域や自然とのつながりを通して、ときどきにわたしが思ったり考えたりしてきたことです。そうした日常に対して、思ってきたことを一言で表すとしたら、「住む、ということ」なのだと、今回改めて気づかされました。

わたしは結果的に、福岡から移住して鹿児島の里山に木の家を建てて住み暮らしていますが、はじめから里山の環境や木の家、農的な暮らしを求めていたわけではありません。わたしたち夫婦や家族にとって「住む」ということに、どういう意味があるのか？　近い将来や遠い将来、子育てや老後のこと、そして現実をも絡めて考えながら、一歩一歩、歩みを進めた先にたどり着いたのが、〝この場所〟だったのです。そして、お米をつくったり、ヤギを飼ったり、ハナレを建てたりという、この場所での暮らしのいろいろも、「住む」ということを思う中で、たまたま〝そこ〟にたどり着いただけです。

家にまつわる基本的なこと、例えば「整える」「設える」「飾る」「手を入れる」……といったことには、何か正解があるわけではありません。日々そこに身を置き、住むことを感じていると、思いや行動がむくむくと湧き上がってきて、だんだん形になっていきます。そうした痕跡の積み重ねによって、その人、その家族の人生が、その家に映し出されたとき、何とも言えない深みや愛着が醸し出されていくように思うのです。

住む、ということ
里山のちいさな暮らし
もくじ



Chapter 1

# 家と暮らしがつながった日



Chapter 2

# 思いを込めた家づくり

Chapter
# 3 暮らしが人生

# Chapter 1

# 家と暮らしがつながった日

# 家のこと

高校から大学院までインテリアや建築を学び、それを仕事にしました。若い頃のわたしは、家を考えたりつくったりすることは好きでしたが、自分が住む家をほしいと思ったことがなかったような気がします。それは、家の形をつくることに気を取られ、家が人にもたらす影響や、家の意味を深く考えられていなかったからかもしれません。

歳を重ね、家族を持ち、これからどんな人生を歩んでいくかを考えていたとき、鹿児島で、とある家に出合い、とても心を動かされました。それを機に、福岡から鹿児島に移住して、その家をつくっている工務店に転職し、自然と人が混ざり合う里山に木の家を建てました。

家族と一緒に住む家をつくる過程で考えたことや、そこに住み、日々営まれる生活と家を重ねて感じる中で、わたしにとっての家の意味が、よりはっきり見えるようになった気がします。

家は、そのあり方で「住む」ことの中にある行為や感覚に、さまざまな影響をもたらします。その影響は、やがて住む人の気持ちや思考を変え、だんだんと、夫婦や親子の関係性、地域や自然とのかかわり方まで変えていく……。例えば、夏の暑い日に、広々とした草原に大きな木が1本、枝葉を広げて木陰をつくっているのを見るとき、ふっと心がやわらかくなることでしょう。その大きな木は、そよ風を生み、小鳥が集い、人の身体と心を癒し、あたたかな交流が生まれ、人や自然に愛される拠り所となる。わたしにとって、家は心地のよい拠り所として、人や自然に愛される場所であってほしいと思います。

築9年目に、四角いテーブルから丸テーブルに変えた。食事のとき家族が「集う」雰囲気が増したような気がする。

# 住まい＝居場所

家をあらわす言葉には、いろいろなものがありますが、今、わたしが住んでいるこの家に合う言葉は、「住まい」だと感じています。住まいの本当の意味はわかりませんが、わたしが思うのは「住む、居場所」ということです。住居という言葉は建物だけを指す言葉のような感じがしますが、住まいは、「住む」という行為が先に感じられます。

「住む」という言葉は「暮らす」という言葉よりも、人と場所のつながりが強く、人と場所が重なっている感じがします。そして「暮らす」よりも「住む」の方が、動物的で、命の本質的な営みがにじみ出るような感覚があり、住まいは、人にとっていちばん身近で、生きることにいちばん影響力のある場所だと感じています。

人は、生きていく中で、自分自身や身のまわりの物事に、自分なりの意味をつけていくことを繰り返していて、だからこそ、同じ物事に触れてもその意味は人それぞれ違います。「住む」ということを通して、毎日の「生活＝生きる活動」に自分なりの意味をつけながらインプットし続け、さまざまな場面で感覚や感情、振る舞いとしてアウトプットされる。「住まい」とは、人を育てる居場所だと思います。

そしてわたしは、この住まいを、人生を通してずっと育て続けていくのだと思っています。

窓を開け放すと心地いい風が通り、梅雨どきは必要なエアコンも8月は使う日が少なくなる。街とはずいぶん体感温度が違う。

# 家をつくるときに大切なこと

縁あって数年前から、中学1年生の職業講話という時間に「働くこと」や「家をつくること」についてお話をする機会をいただいています。

わたしは毎回「家をつくるときに大切なことはなんでしょう?」「いい家ってどんな家?」と、子どもたちに問いかけます。この問いは、将来家づくりを仕事にしたり、自分の家を建てるかもしれない子どもたちにいちばん伝えたいことです。どんな家がいい家か、自分なりの答えを持っていると、家をつくるときに大切なことは自ずと見えてくるように思います。

「いい家ってどんな家?」。この問いに対して、子どもたちにもわかるように伝えているわたしなりの答えは、「うれしい気持ちで過ごせる家」。

家は奥が深くてこむずかしく、機能や性能、見た目のデザインで語られることが多いものですが、本当は「心」に目を向けて考えるものだと思うからです。

実は、わたしが子どもの頃に住んでいた家は、間取りは6畳二間と3畳のキッチン、脱衣所もないお風呂と、すきま風の吹くトイレ。雨漏りはあたりまえで、床は腐ってぶよぶよ。あの独特のにおいはカビだったのだと、今ならわかります。そんな家でも、子どもの頃のわたしは、家族の温もりが感じられる家が好きでした。だからこそ、今こうして家づくりにかかわる仕事をする中で、家と心のあり方を結びつけて考えてしまうのかもしれません。

「うれしい気持ち」を考えるときのキーワードとして「思いやり」という言葉を伝えています。

家族同士はもちろん、自然に対して、地域に対して、地球に対して……。そんな思いやりにあふれる家は、きっとうれしい気持ちで過ごせるいい家だと思います。

## 「いい家」をつくるために大切にしていること

将来、家づくりをするかもしれない子どもたちに、いちばん伝えたいことは——

- うれしい気持ちで過ごせる家に。
- 「うれしい」は特別なことではなくて、本当は、ふだんの暮らしの中にあふれていること。
- ふだんの中に、「うれしい」を感じられる家にするには？
- 思いやりを大切にすること。住む人の気持ち、ご近所さんの気持ちを考えること。

こんなふうにして、家をつくることができたら、幸せな気持ちが広がっていく気がします。

# 「窓の向こう」にあるエネルギー

「ヨーロッパの人は他人の家に訪問したら、まず窓の向こうに見える風景を褒める」。これは、大学・大学院で建築の恩師から聞いた話で、建築という箱のことを一生懸命考えていた当時のわたしにとって衝撃的で、窓の意味や価値について考えさせられた言葉でした。

社会人になり、月日が経ち、この話から受けた衝撃は次第に薄れて、いつの間にか記憶の底にしまったままになっていました。

住宅の仕事をする中で、性能、収納、動線、設備、仕様、間取り、デザインなどを一生懸命考えて、いい家をつくろうと頑張っていました。ですが、移住・転職のきっかけになった「鹿児島の家」で、このときの恩師の言葉を思い出し、もっと大事なことに気づいたのでした。

鹿児島で出合ったその家は、窓の向こうに「自然」がありました。街なかの、マンションや立体駐車場に囲まれた窪みのような場所なのに、木々の緑、光、風、鳥のさえずりが家の中に居ながら感じられました。自然の穏やかなエネルギーをすぐそばに感じられて、不思議なほど心落ち着く感覚があり、生まれて初めて「こんな家に住みたい」と心から思えました。

原始のむかしからずっと自然とともに生きてきたヒトが、自然を離れて、都市に住むようになった現代でも、自然に触れることに心地よさを感じるのは、本能なのだと思うのです。住宅の中で、人が本能として求めている自然とつながることのできる唯一の部分である窓の役割は、頭で考えるよりもはるかに大きいように思います。

キッチンから北方向を見る。北の庭越しに里山の風景と空が見える。階段を介して庭や2階にいる子どもの気配も感じられる。

# 「ずっと居たい」と思える場所

若い頃のわたしは、住宅の良し悪しを見た目9割ぐらいで判断していたように思います。結婚し、子どもを授かり家族ができて、住宅への考え方が変わりました。わたしにとって住宅は、「もの」としてどうかということよりも、その家で過ごす「時間」がどう感じられるかが大事になりました。

そう思うようになって、住宅にかかわる仕事は誰かの「時間」を生み出す仕事だと思うようになりました。ただただ「ずっとそこに居たい」と思えて、何にもしなくても、ただ、そこに居るだけで満たされること。何かをするときには、心地よくゆったりした気分でできたり、機能的に素早くできること。家族と過ごす時間、夫婦で過ごす時間、1人で過ごす時間など、いろいろな「時間」をつくる仕事。

人は頭がいいから、つい頭で考えてしまいます。形あるものや目に見えるものを基準に、考えばかりめぐらせます。

でも、幸せだなぁとか心地いいなぁと感じるのは、頭よりも心。感覚といえるかもしれません。目で見えるものだけでなく、形のない、目に見えない、感覚的なことを素直に感じて、住まいに表現することを大事にしたいと思います。

1階北側の幅2mの2枚の窓は、全開できる。屋根のかかった縁側的なデッキには籐の椅子とテーブルが置かれている。

# 家族が幸せになるために、お金をかけるもの

家づくりとお金は切っても切れない関係です。たくさんお金をかければ、満足のいく家ができるとも限らないし、安くできたからよかったということでもないように思います。

自分で言うのは、恥ずかしいことかもしれませんが、家を建てるとき、お金の面ではものすごく背伸びをしました。ぎりぎりの予算だったので、小さなものでも何か新しく追加したら、何かを削らないと成り立たない。自分でできそうなことは全部工事から省いて、住みはじめてから自分でやる。そんな感じでやっと建てることができました。

わたしにとって住まいは、家族の幸せの「基地」「ベース」「土台」「港」……そんな場所なので、中途半端なものなら家を建てる必要はないと思っていました。自分の人生を使って守っていくだけの価値がある場所だと思えなければ、意味がないと思っていました。

もともと、生まれたときからずっと借家暮らしで、「自分の家」という確固とした場所はなく、育った場所に故郷と言えるほどの愛着はありません。だから家を持つということや、どこかに定住することそのものには、まったく価値を感じていませんでした。

でも、鹿児島で出合った家は、ただただ純粋に心地よくて、「この家には家族が毎日幸せに過ごせる力がある」と、直感的に思いました。

わたしが住まいを建てるためにうんと背伸びをしてかけたお金は、家族が毎日幸せに過ごすためにかけたお金。実際、家を建てる前より、何倍も幸せになれたと思います。

長男は今年中学2年生。彼が4歳の頃にこの家ができた。彼にとってはこの家が、ただひとつの故郷となり、実家になる。

# 便利か不便かではなく、心穏やかでいられるか

「里山の暮らしは不便ではないですか？」と聞かれることがあります。

この土地でこの家に暮らして、それ以前に思っていた便利・不便の基準はとても偏ったものだったことに気づかされました。

住む場所を考えるときに思い浮かぶ、便利か不便かの基準は、通勤・通学・買い物の便などです。確かにここでの暮らしは、通勤も通学も買い物も、街に比べると不便です。

通勤・通学・買い物は暮らしの中でとても大事ですが、人生の中のさまざまなものさしのうち、社会的義務や経済活動の中の「移動」に焦点を当てた基準のように思います。もちろん、移動が短時間で済めば、ほかに回せる時間が増えて、経済的な負担も減りますが、浮いた時間やお金を何に使うかの方に本来の意味があるような気がします。

幸せの素を住まいのほかに求めていたときは、たくさんの時間やお金や労力が必要でした。しかし、この場所、この家での暮らしは、毎日、毎朝、毎晩、外に出かけなくても、ふだんの生活の中で幸せを得ることができる。心豊かに暮らし、幸せな人生を送るというものさしで測ると、とても便利だと感じています。

心が穏やかになる出来事や時間、音や空気、肌に触れる質感、光の変化、におい……。里山の環境に建つ、この家と暮らしには、幸せな気分で毎日を生きるために、役立ってくれるものがあふれています。

2022年から一緒に過ごしているトカラヤギの「だいちゃん」。本当の名前は「大福」。もとは、トカラ列島で生まれた野生のヤギだった。

# 末長く愛せるか

この場所で、この家に住んで4年ぐらいが経った頃、ふと思ったことがあります。「家づくりで大切なことは、建てた家が〝愛せる家〟になるかどうかかもしれないなぁ」と。新築のときより、今の方がこの家への愛情は増しています。雑誌に載っているカッコいい家、テレビに映る豪華な家、どんな家を見ても、やっぱりこの家がいい。どんなに広くて立派な家よりも、里山の自然に囲まれたちいさなこの家がいちばんいいと思えます。

どんな家がいいかは人それぞれですが、例えば、値引きをしてもらったから、とか、最新設備がついているからという理由で選びそうになるとき、「この家は末永く愛せる家になるだろうか」と自問自答してみると、違う答えが出るかもしれません。

一度家を建てると、「やっぱりこの家じゃなかった」と、違う家に住み替えるというのはとても難しいことです。どんな家もメンテナンスをしていかなければならないので、手もお金もかかります。末永く愛せる家じゃないと、家が負担になってしまいます。

結婚相手を選ぶときに、お金があるとか、顔がいいとか、地位とか名誉とか、そういうことがいちばんにあるのではなく、「この人とずっと一緒に居たい!」「この人と一緒ならつらいことも乗り越えられる」と思えるかどうか。家づくりもそういう想いが大事な気がします。結局、頭であれこれ考えるより、直感の方があたっていることもあるかもしれません。

窓の向こうに緑があるだけで、窓の価値がぐんと上がるような気がする。窓辺に並ぶカップもなんだかずいぶんよく見える。

# Chapter 2

## 思いを込めた家づくり

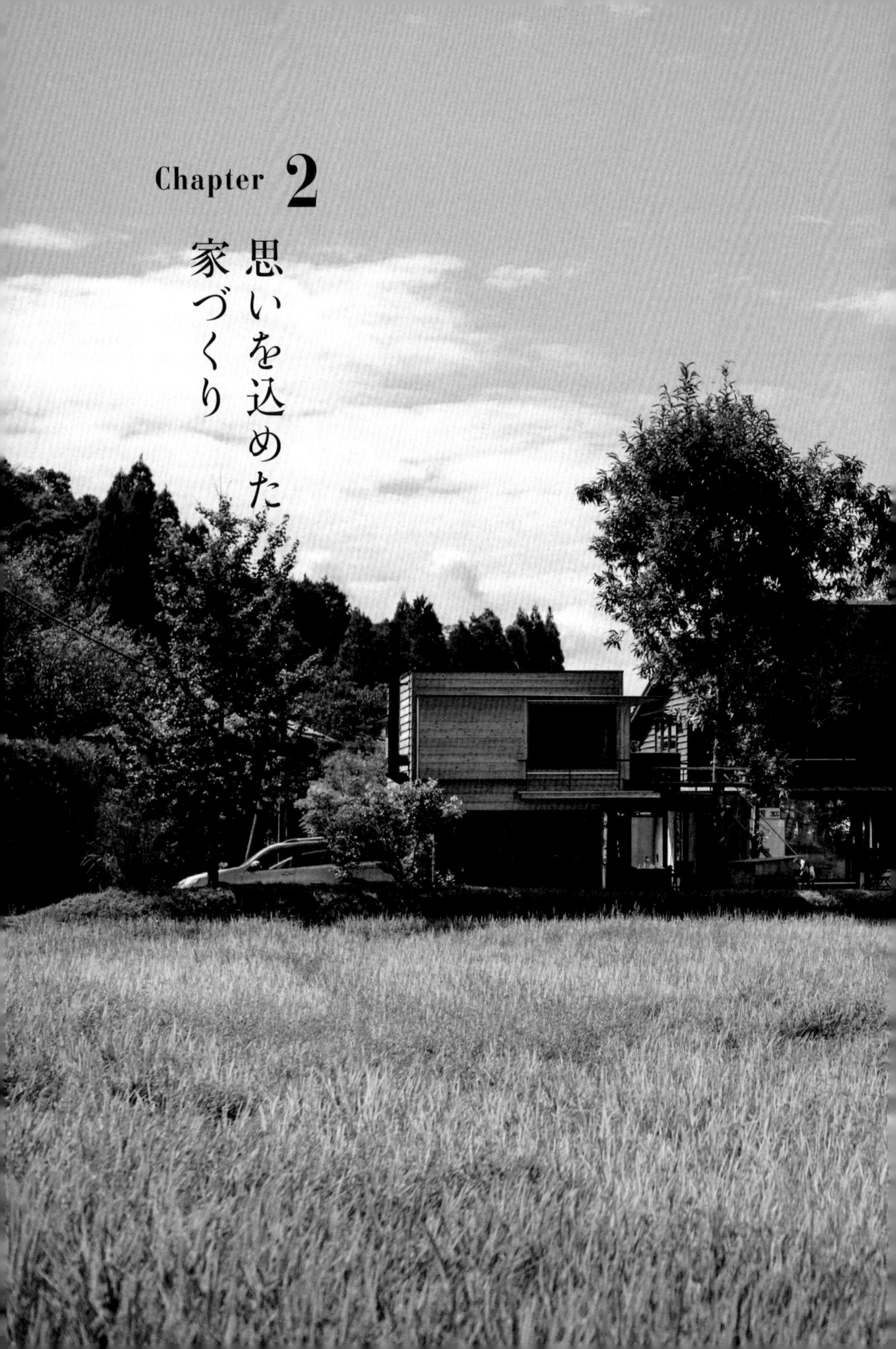

# 土地を買う

わが家の土地はかつて田んぼだったと聞きましたが、わたしたちが見つけたときは、田んぼではなくクヌギ畑になっていました。縁もゆかりもなかったこの土地に、夫婦の夢を描きました。家を建てることは人生の大きな分岐点ですが、土地の購入はその入口のような感じです。いよいよいろいろなことが大きく変わりはじめる。期待と不安が入り混じります。

この土地を買う！　と決めてから、買うまではもちろん、買った後も、家が建ってしばらくしてからも、本当にこれでよかったのだろうか、何かよからぬことが起こりはしないか、心の隅にずっとモヤのような感じがありました。

土地を買うということは、生きていく場所を決めるということ。おじいちゃんおばあちゃんになって人生を終えるときまでの未来の夢を、夫婦で思い描いて決めた土地です。それでもモヤはつきまといました。

マリッジブルー。わたしは経験していませんが、例えるなら、そんな感じかもしれません。ただ単に、かなりの心配性だからかもしれませんが。

よくわからない不安みたいな感覚が残っていたのは1〜2年だった気がします。きっと、身体や心がその場所になじむためには、それぐらいの時間がかかるのでしょう。

あれから10年ここに住み、当時を思い出してみると、不安は悪いことの前だけじゃなく、うんといいことがめぐってくる前にも湧いて出てくるものなんだろうなぁと思ったりします。

# 中身で選んだ土地は175万円

土地は164坪、175万円で購入しました。こんなに安かった理由は、おそらく一般的な価値観でみると、いろいろよくない土地だったから。

まず、ずいぶん田舎です。だけど、車で3〜4分走るとコンビニやドラッグストアやファミレスも、郵便局や銀行もちゃんとあります。市街地へのバスも、便数は少ないけれど始発で乗れます。鹿児島市の中心部まで車で35分。田舎の基準って何でしょう？　見た目？　家の数？

土地の形が「V」みたいな形だったり、端部が落差3mのガケになっていたり、道路の向かいにお墓があったり、すぐ下に川が流れていたり、東西を山に挟まれていたり、一面に木が植わっていたり、土地の価格が安くなる要素がたくさんありました。

家を建てるための土地は、見た目や立地も大事ですが、何よりも中身が大事。

土地の中身とは何かというと、その土地が持つ「可能性」だと思っています。

わが家の土地には、一面にクヌギの木々が植えられていました。こういう状態だと「家を建てる土地」として見られません。こんなに気持ちのいい土地が、見た目のおかげで今まで誰にも買われずに値段が安くなっている。この木々を活かせば、庭木を植える費用も抑えられる！こんなにラッキーな土地はないと思いました。

クヌギの木は、夏は木陰をつくって涼しくなり、冬は葉を落として土を肥やし、伸びすぎた部分は薪ストーブの燃料になり、剪定された枝葉はヤギのエサになっています。

インターネットの売地情報をたよりに、ドライブに行く途中で立ち寄って見つけた。

土地から見える北側の風景に、夫婦して心惹かれた。

真夏は、中に入れないくらいのヤブだった。

南側の庭のクヌギは、涼しい風を運んでくれる。

## 自分の手で開墾

クヌギの木々がびっしりと生えていた土地。わたしたちよりも先にこの地で生きてきた木々だけれど、家を建てるときに活かせる木を選んで、そうでない木は伐らせていただきました。自分で伐ったのですが、チェンソーを扱うのは初めて。この時点では、予算的に諦めていて薪ストーブをつける予定がなかったので、とりあえず今だけ使えればと、格安チェンソーをインターネットで購入。取扱説明書もなく、クヌギを前にもたもたしていると、通りかかったおじちゃんが声をかけてくれて、使い方を教えてくれました。ちなみにこのおじちゃんが、今でも田んぼや畑についていろいろ教えてくれる里山暮らしの師匠です。

木を伐った後は、根を掘り出す作業。はじめはスコップで掘り出せないかと、今思えばバカなことをトライしたのですが、当然無理でユンボをリースしました。操縦するのは初めて。半日練習したら何となく扱えるようになり、ゲームみたいな感覚で楽しく作業ができました。

重機は若い人が操縦しているのも見かけますが、彼らだって何もできないところからスタートしています。だから、こういう作業は「やればできる」と基本的に思っています。

家を建てるには、きれいに整地された四角い土地が必要だと、以前のわたしは思っていました。でも、よく考えると、四角く整地された土地も、もともとは木々が生い茂ったりデコボコとしていた土地を、誰かがきれいにしているのですよね。

家の工事がはじまるまでは、休みのたびに通って木を伐ったり、草を刈ったり。ときどき家族も一緒にピクニック気分で過ごした。

# なぜ田舎を選んだか

もともとわたしは「インドア派」で、キャンプに行ったこともありません。
自然の中に家を建てたいという願望もさほどなく、家を持つとしても街なかの小さな土地で十分！　と思っていました。

自分が家を建てることを思い描きはじめたころ、家族年表を書きました。そうすると、漠然とですが、〇年後の家族の姿がイメージできます。「家は夫婦のため」と思っていたけれど、改めて子どもと過ごす期間の短さ、夫婦２人の期間の長さが見えてきました。老後にも思いをはせて、夫婦２人で家で何をして過ごすのだろうと考えました。

わたしは「面倒くさがり」です。家を建てるまでは、休みの日は家でゴロゴロダラダラ。そんな性格だから、自然豊かなところに広めの庭があって、半ば強制的に外に放り出される方が、日々を有意義に過ごせるかもと思いました。

自然に囲まれた広々とした庭なら、家庭菜園で野菜を育てたり、ハナレを建てたりと、可能性が広がります。実際にやるかやらないかよりも「可能性がある」ことの方が大事でした。

いずれ田んぼをやることになるかもなぁ、とぼんやり思っていたら、縁がつながって今は田んぼで米づくりをしている。ここでは、思いがけないような可能性が湧いてくることもあります。流れに身を任せることをおもしろがりながら、可能性を楽しみたいと思っています。

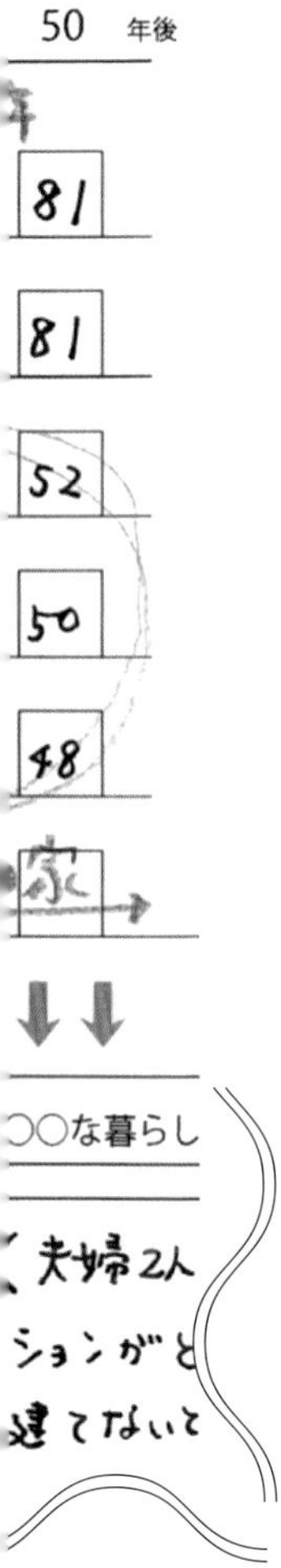


子どもと一緒に住む期間は驚くほど短い。だから早く建てたいと思った。でも、夫婦２人の家として設計しようと考えた。

子育て期　　　　夫婦2人　　　　老後

| 家族年表 | 現在 | 5 | 10 | 15 | 20 | 25 | 30 | 35 | 40 | 45 |
|---|---|---|---|---|---|---|---|---|---|---|
| | 31 | 36 | 41 | 46 | 51 | 56 | 61 | 66 | 71 | 76 |
| | 31 | 36 | 41 | 46 | 51 | 56 | 61 | 66 | 71 | 76 |
| | 2 | 7 | 12 | 17 | 22 | 27 | 32 | 37 | 42 | 47 |
| | 0 | 5 | 10 | 15 | 20 | 25 | 30 | 35 | 40 | 45 |
| | -2 | 3 | 8 | 13 | 18 | 23 | 28 | 33 | 38 | 43 |
| | | | | | | | | | | |

青枠に家族の名前・緑枠に年齢を記入します。

15~20年　　15~20年　　15~2

孫が来る

30~40年は夫婦

子育て時間　今から 15 年後まで

中学・高校期間　15 ~ 20 年後まで

※子どものうち1人でも中高生がいる期間

夫婦2人で過ごす期間　30 年間~40年

家づくりのテーマ

理想の家の形（○○○な家がいい、

- 家はできるだけ小さく。
- 家族が仲良く。コミュニケ
貴重！）→できるだけ早

# 心の豊かさと、土地と家

家をつくるとき、叶えたい想いはいろいろあったけれど、一言にまとめると、「心穏やかに優しい気持ちで毎日を過ごしたい」ということでした。

地下シェルターみたいな家でなければ、どんな土地に建てるかで、どんな家になるかが7～8割方決まると思います。家は土地にくっついていて、窓でまわりとつながっているから。

まわりの環境が持つ力や雰囲気は、そこに建つ家の中、そこでの暮らしに入り込んできます。建築の世界では、「ゲニウス・ロキ（＝地霊）」といって、建築が場所の持つ力、歴史、風土などに影響を受けることが語られたりします。街なかのホテルと高原のホテル、街なかのレストランと森の中のレストラン、街なかのカフェと湖畔のカフェ……。同じ用途でも、建っている環境で人が感じるものは違うものです。歩いて買い物に行けるとか、通勤時間が短くて済むとかも大事ですが、家で過ごすときにどんなことを感じながら、どんな毎日を過ごせるか。そういうことを優先してたどり着いたのが、この場所とこの家でした。

澄んだ空気、広々とした空、緑の山並み、虫の声、風の音。心穏やかに優しい気持ちで毎日を過ごせる豊かさの素が、ここにはたくさんあります。家の建築と同時に植えた木々は、しっかりと大地に根付き、大きく枝葉を広げて、家より大きくなりました。秋にはイチョウやモミジが、はっとするほど感動的な姿を見せてくれ、冬にはクヌギがたくさんの落ち葉で土を肥やし、サクラは美しくて優しい花で春の訪れを知らせてくれます。

# 土地選びは、結婚相手選び?!

土地の良し悪しを判断するとき、論理的に考える部分もあれば、情緒的・感覚的にみる部分もあります。この土地が決まるまでに「いいかも!」と思った場所が3か所ありました。しかし、わたしが論理的に考えてよいと思っても、妻が感覚的にNG。

だけどこの土地は、夫婦そろってひと目ぼれでした。

見つけたときは、中に入れないくらい一面にクヌギが植わっていて、かろうじて北側の淵を歩ける程度でしたが、眺望やまわりの雰囲気に、ここで過ごす毎日がすごく明るくなりそうだという直感がありました。

短所もいっぱいある土地でしたが、気に入ってしまったからには、その短所をどのように考え、おぎない、長所にして生かすかに頭が切り替わります。例えば、東西を山に挟まれているため、日が照るのが遅くて陰るのが早い。一方で東側に道路があって向かいには隣家とお墓がありました。そして西側には隣の土地があり、家が建つ可能性がありました。

そこで、「東西は、開くよりも閉じた方がいい」と考え、そういう間取りにしました。

短所があったとしても「この人と一緒に生きていきたい」と思う人と結ばれるように、人生をともにする土地は、大切にしたい生き方や価値観に合う可能性を感じられると、短所も含めて好きになれる気がします。

この土地に出合い、家のプランを
考えたとき、「緑豊かな公園に家
が建っている」雰囲気にしたいと
思った。

# 〈土地の探し方　参考〉

100点満点の土地はありません。
土地に求めることについて、優先順位を書き出し
整理して、夫婦で想いを共有することが大切です。

1.

2.

3.

4.

5.

キーワード
・通勤・通学・学校区
・買い物の便・JR・バス
・実家の近く・住宅地
・田舎・山・川・眺望
・価格・広さ・雰囲気
・病院・平坦地…

家づくりで求めたのは、
- 大きく窓が開けられる
- トータルコストを抑えられる
- 公園の中に住んでいるような家

長所しかない土地はない。

長所と求めることが
ぴったり合うと、
短所は、気にならなくなる。

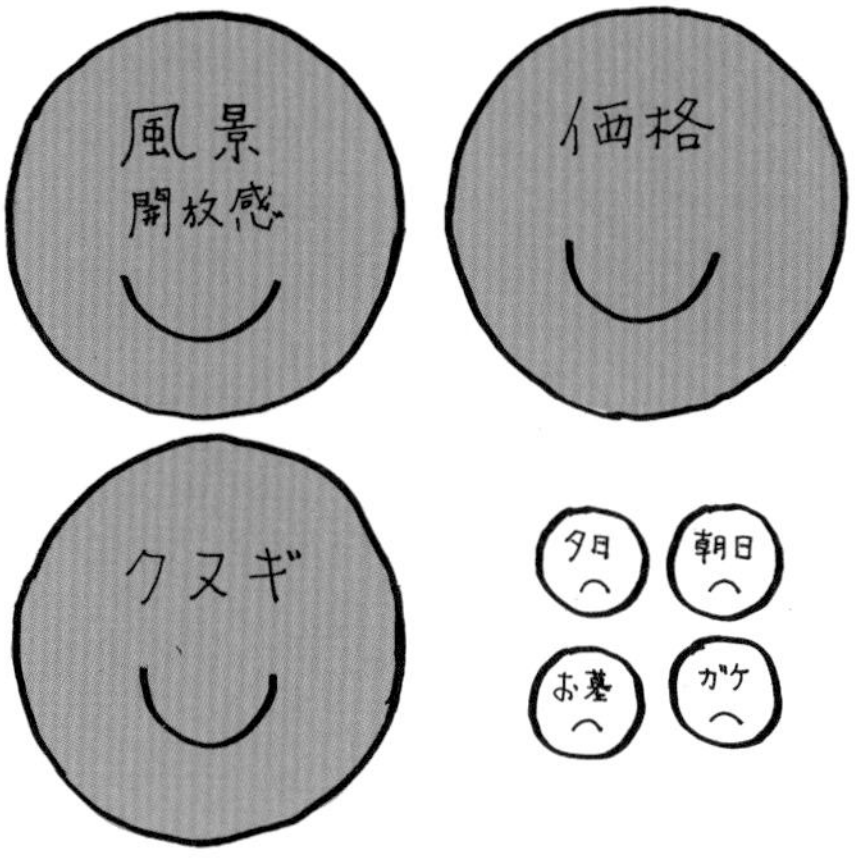

# 資金計画

家づくりの仕事をはじめて、最初に教えてもらったのが「資金計画」です。土地・建物・付帯工事費・諸費用など家にまつわるすべてのお金を俯瞰できるようにして、実現可能かを判断するために行います。資金計画は、家づくりがスタートしてからではなく、家をぼんやり考えはじめたぐらいの頃、家づくりがはじまる前にした方がいいと思います。

わたし自身が最初に資金計画をしたのは、鹿児島に移住して3か月たった頃。いつ頃、どれくらいの金額の土地で、どれくらいの支払いで実現できるかをイメージするためにやりました。

その計画では、当時1歳の息子が中学生くらいにならないと無理かな、という結果。想定される必要なお金を積み上げ、それを手持ちのお金、これから貯金するお金、住宅ローンでまかなうのですが、自分の収入で借りられる金額と貯金のペースをみて出た結果でした。

実際には、その計画から1年半後に土地を購入し、2年後には家が建っていました。それは、見つけた土地が想定より600万円安かったからです。ちょうど消費税が5%から8%に上がる前だったこともあり、今建てた方がいい！　と思いました。消費税が上がると、つくり手が払う原価にも影響が出るので、単純に増税分が増えるだけでは済まないのです。

資金計画をして、あらかじめお金の全体像をつかんでいたから、土地に出合ってすぐスタートが切れたのだと思います。それでも、ローンの承認額が800万円足りない。必要な金額を借りられたとしても支払いできない。そんな状態からのスタートでした。

- 2010年6月　鹿児島で出合った家にひと目ぼれ。
- 2010年9月　福岡から鹿児島に移住。その家をつくった工務店に転職。
  会社から徒歩5分の2Kアパート、家賃5,5万円
- 2010年11月　資金計画

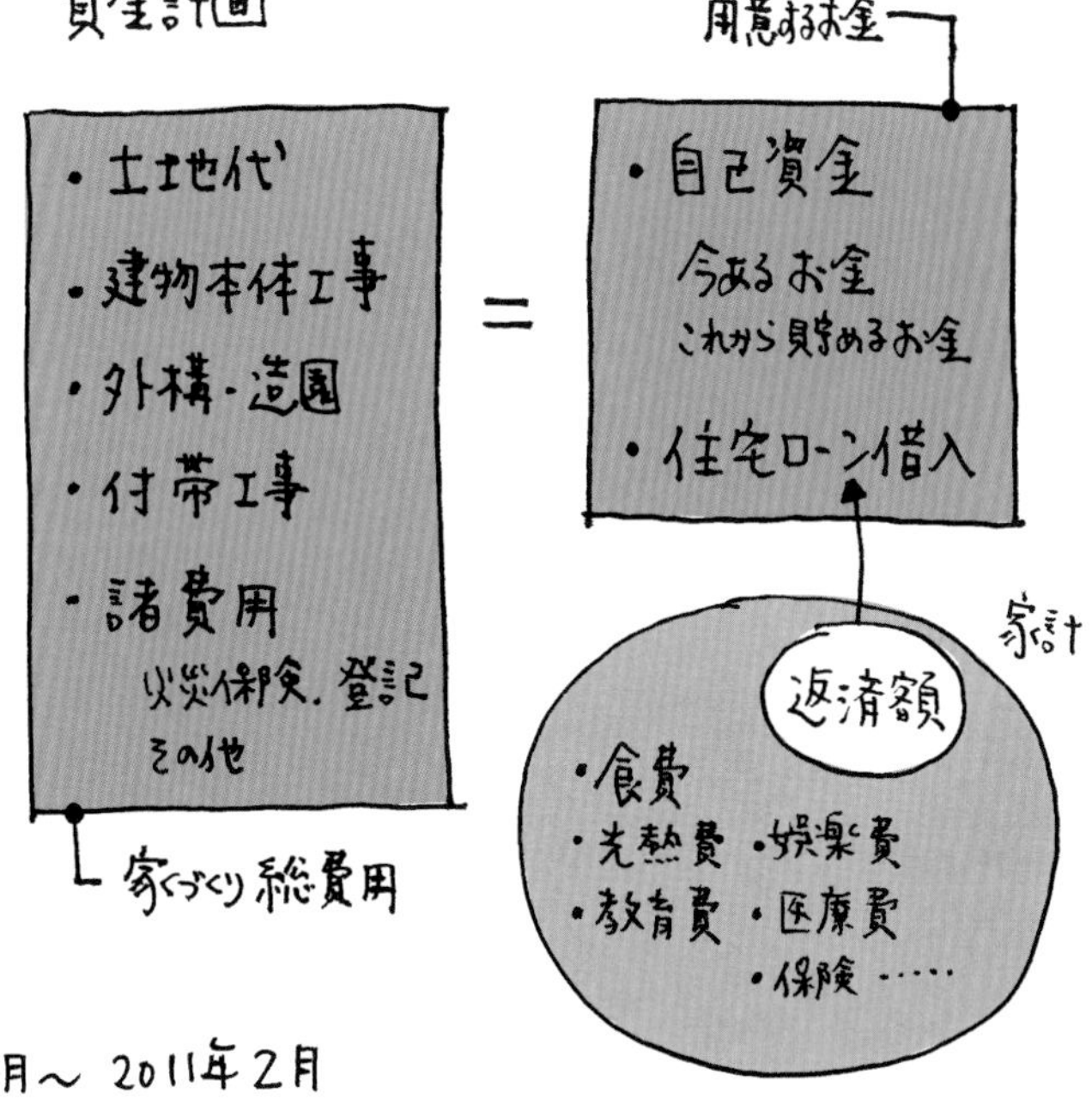


- 2010年11月〜2011年2月
  いろいろな家や土地を見て将来をイメージ。
  田舎に建てることを考える。
- 2011年6月　田舎の市営住宅に引越し、家賃2.3万円
- 2012年4月　土地に出合う。土地代175万円。
- 2012年12月　家の契約
- 2013年9月　完成・引越し

家を建てる前に、田舎の市営住宅に引越したのは、田舎暮らしの予行練習のため。夫婦2人とも田舎に住んだことはなかった。

# 小さなお金で大きな予算をつくる

趣味もない。海外旅行やブランド品を買う余裕もない。だからこそ、この家での暮らしで人生が変わると本気で思いました。

建てたい家を建て、自分や家族が思うような毎日を歩んでいけるように。今の支出から何を省くことができるか、いろいろなところを妻と少しずつ見直し、小さな節約を積み重ねていきました。だから、家を建てられたのは妻のやりくりのおかげです。

わたし自身にかかっているお金を削ることでも、結構な資金を捻出できました。いちばん大きかったのは、おこづかいと携帯代。それを図のように抑えると、35年で588万円の差が生まれることに気づきました。一日当たりにすると約470円の節約です。それで人生が変わる、幸せな家が建つ、こんなにすてきなことはありません。人生で使えるお金をどこにどれだけ割り振るか？　お菓子やジュース、スマホに使うより、家の方がいいに決まってい

| | 家を建てる前 | | 家を建てた後 |
| --- | --- | --- | --- |
| おこづかい | 12,000円 | → | 5,000円 |
| 携帯電話 | 9,000円《スマホ》 | → | 2,000円《ガラケー》 |
| | 21,000円 | → | 7,000円 |

ひと月あたり差額：14,000円

×12

1年あたり差額：168,000円

×35

35年あたり差額：5,880,000円

÷30

（1日あたり差額：470円）

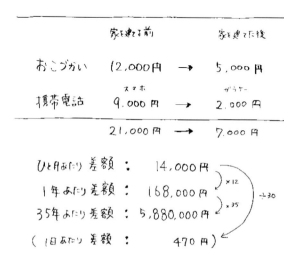

ます。

今思えば、アキレス腱が切れそうなぐらい背伸びをして、半分夢の中にいるような状態で家ができましたが、子どもたちが小さいときから、いろいろな思い出を家に重ねていけることは、とても幸せだと思っています。

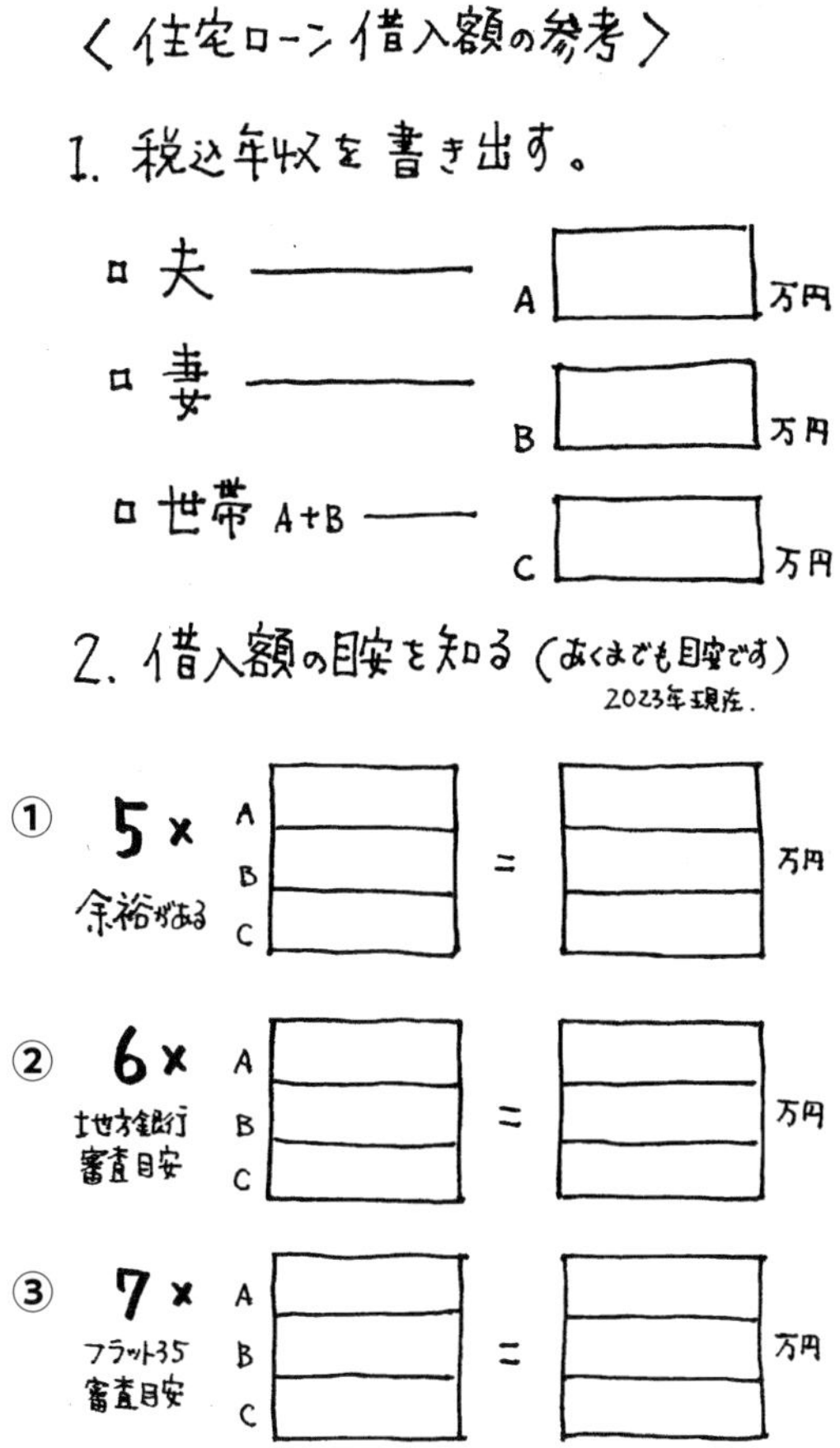


①借入額が税込年収の５倍ほどなら、返済に余裕がある
②借入額が税込年収の６倍ほどが、地方銀行の審査が通る目安
③借入額が税込年収の７倍ほどが、フラット 35 の審査が通る目安
＊著者の経験に基づく目安

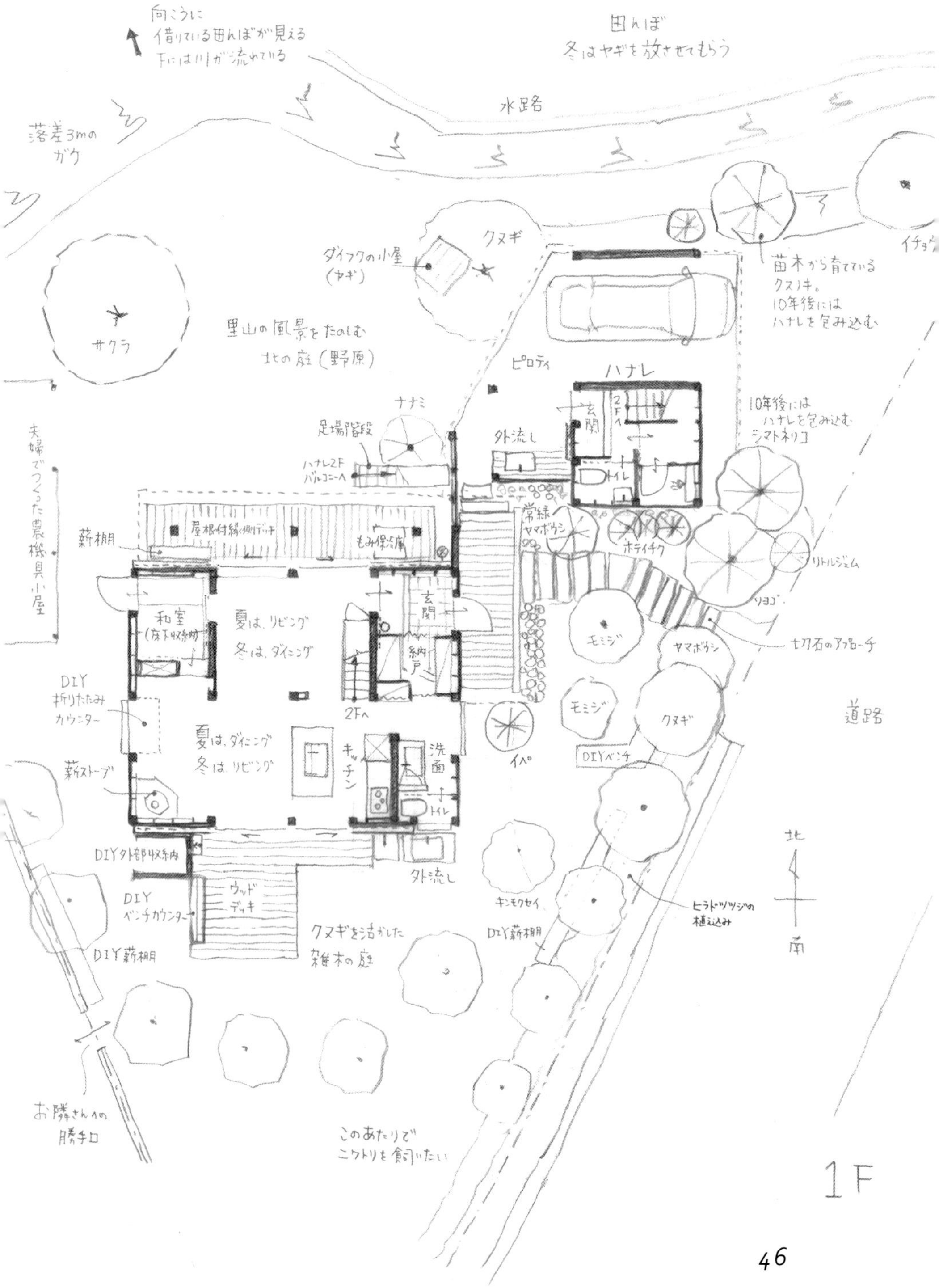
向こうに
借りている田んぼが見える
下には川が流れている
田んぼ
冬はヤギを放させてもらう
水路
落差3mの
ガケ
クヌギ
ダイフクの小屋
(ヤギ)
サクラ
里山の風景をたのしむ
北の庭(野原)
苗木から育てている
クスノキ。
10年後には
ハナレを包み込む
イチョウ
ピロティ
ハナレ
玄関
2Fへ
トイレ
10年後には
ハナレを包み込む
シマトネリコ
夫婦でつくった農機具小屋
ナナミ
足場階段
ハナレ2F
バルコニーへ
外流し
薪棚
屋根付縁側デッキ
もみ保存庫
常緑
ヤマボウシ
ホテイチク
リトルジェム
ソヨゴ
切石のアプローチ
和室
(床下収納)
夏は、リビング
冬は、ダイニング
玄関
納戸
モミジ
ヤマボウシ
DIY
折りたたみ
カウンター
2Fへ
夏は、ダイニング
冬は、リビング
キッチン
洗面
トイレ
モミジ
クヌギ
道路
DIYベンチ
イペ
薪ストーブ
DIY外部収納
外流し
ウッド
デッキ
DIY
ベンチカウンター
キンモクセイ
DIY薪棚
ヒラドツツジの
植え込み
北
南
クヌギを活かした
雑木の庭
DIY薪棚
お隣さんへの
勝手口
このあたりで
ニワトリを飼いたい
1F

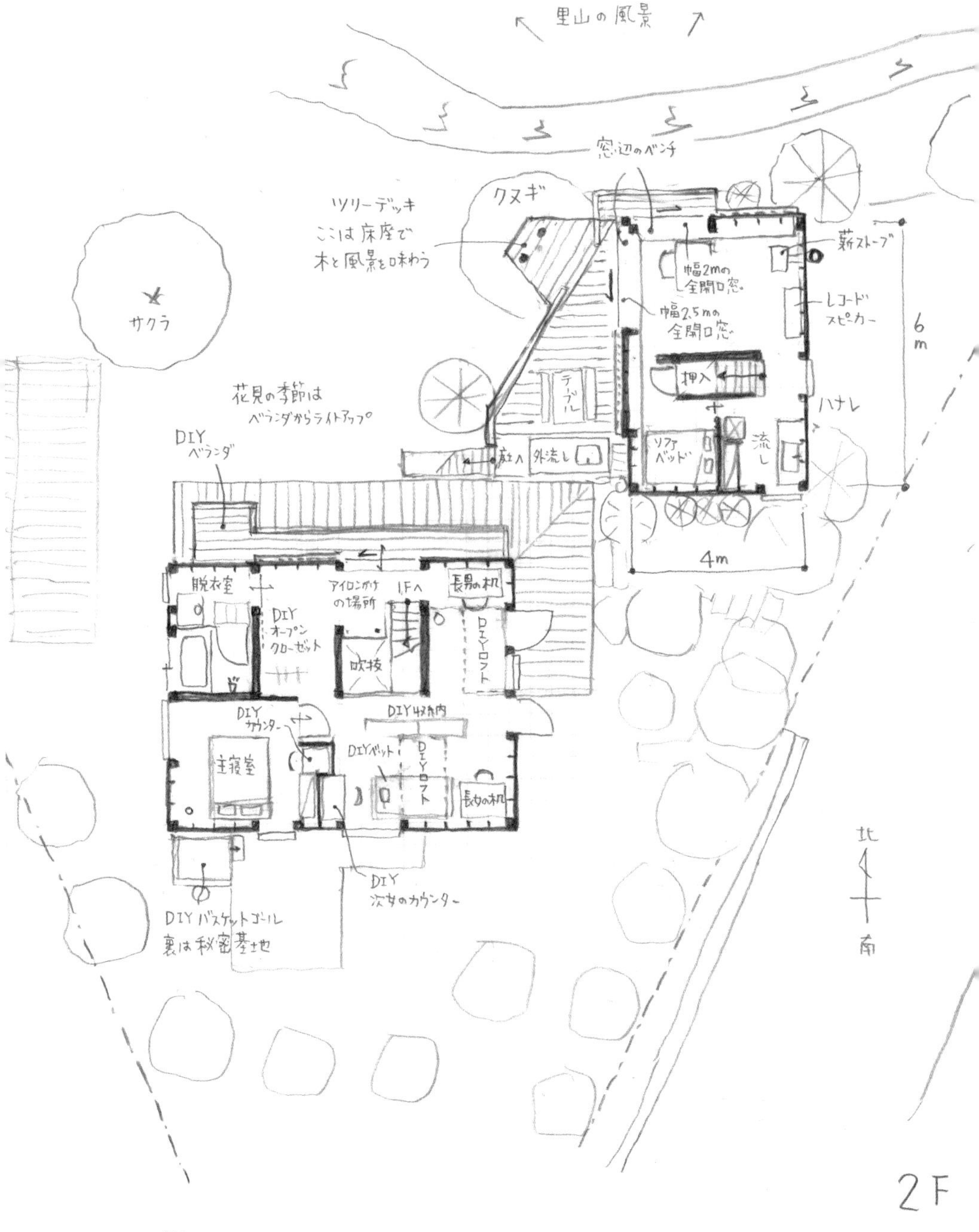

里山の風景
窓辺のベンチ
クヌギ
ツリーデッキ
ここは床座で
木と風景を味わう
サクラ
幅2mの
全開口窓
幅2.5mの
全開口窓
薪ストーブ
レコード
スピーカー
6m
押入
ハナレ
テーブル
花見の季節は
ベランダからライトアップ
DIY
ベランダ
庭へ
外流し
ソファ
ベッド
流し
4m
脱衣室
アイロンがけ
の場所
1Fへ
長男の机
DIY
オープン
クローゼット
吹抜
DIYロフト
DIY収納
DIY
カウンター
DIYベッド
DIYロフト
主寝室
長女の机
DIY
次女のカウンター
DIYバスケットゴール
裏は秘密基地
北
南
2F

# 陽だまりのある家

陽だまりとは、太陽の光があたる暖かい場所。広い範囲ではなく狭い範囲を指す言葉だけれど、わが家では冬、リビングの半分が陽だまりになります。

ふつう、家は道路と平行に建てられますが、わが家は太陽のことも考えて家の向きを決めたので、冬は南の大きな窓からたっぷり光が入ります。南北に大きな窓があるので、夏は北、冬は南にリビングを移動して暮らしています。

わが家には空気集熱ソーラーという仕組みが組み込まれています。奥村昭雄という建築家が考案したものです。冬は屋根で受けとめた太陽の熱を新鮮な空気に乗せて床下まで送り、家じゅうを床下から温める。晴れた日はこれだけで、家じゅう暖房できています。

「新鮮な空気に乗せて」というのがいちばんうれしいことで、冬でもこもった空気ではなく、新鮮で優しい暖かさの中で暮らせる感覚は、一度味わうと戻れません。

太陽が照っていないときは熱を室内に取り入れることができないので、太陽が顔を出さない日が続くと、暖かさがだんだん少なくなっていきます。ネガティブなことのように思うかもしれませんが、家の中の温度が、自然の営みと緩やかにリンクしている感覚は、とても自然な感じがしてうれしくなります。

**本書をお買い上げいただき、ありがとうございました**
**質問にお答えいただけましたら幸いです**

---

**◯本書をどこでお求めになりましたか？**

1. 書店で（書店名　　　　　　　　　　　　　　　　）
2. インターネット（アマゾン　楽天ブックス　その他　　　　　　）
3. 婦人之友社から　　4. その他（　　　　　　　　　　）

---

**◯本書ご購入の理由は？（複数回答可）**

1. タイトルにひかれた　　2. 著者のファンだから
3. 書店で目立っていた　　4. 内容に興味があった
5. 新聞、雑誌、Webで紹介されていたから（誌名　　　　　　）
6. その他（　　　　　　　　　　　　　　　）

---

**◯著者へのメッセージ、本書を読んでのご感想をお書きください**

---

ご記入いただいたコメントは、今後の誌面づくりの参考、広告、Webサイト上などに活用させていただき、個人情報は厳重に管理、保管いたします

料金受取人払郵便

豊島局承認

4333

差出有効期間
2025年
8月31日まで
(切手不要)

郵便はがき

1 7 0 - 8 7 9 0

7 0 4

【受取人】

**東京都豊島区西池袋 2-20-16**
**株式会社 婦人之友社**

**書籍編集部**
**加賀江広宣 著『住む、ということ』**
**読者アンケート 行**

| | | |
|---|---|---|
| フリガナ<br>**氏 名** | | **年 齢　　　歳**<br>**女 ・ 男** |
| **住 所** | 〒(　　　-　　　)<br>都府<br>道県　　　郡<br>市<br>区 | |
| **電 話** | 市外局番(　　　)<br>ー | **家族構成**<br>**(年齢・学年**<br>**職業など)** |
| **E-mail** | | |
| **あなたの**<br>**ご職業など** | 1. 会社員　2. 公務員　3. 自営業　4. 教員　5. パート・アルバイト<br>6. 派遣・契約　7. 専業主婦　8. 学生　9. その他(　　　)<br>＊友の会会員の方(　　　友の会) | |

**婦人之友社出版物、イベントなどのご案内をお送りしてもよろしいでしょうか?**
**はい ・ いいえ**　(郵送　Eメール　○をつけてください)

**婦人之友社メールマガジン配信の登録はこちらから** →
web会員様だけにお届けする情報、イベントのご案内などがございます。

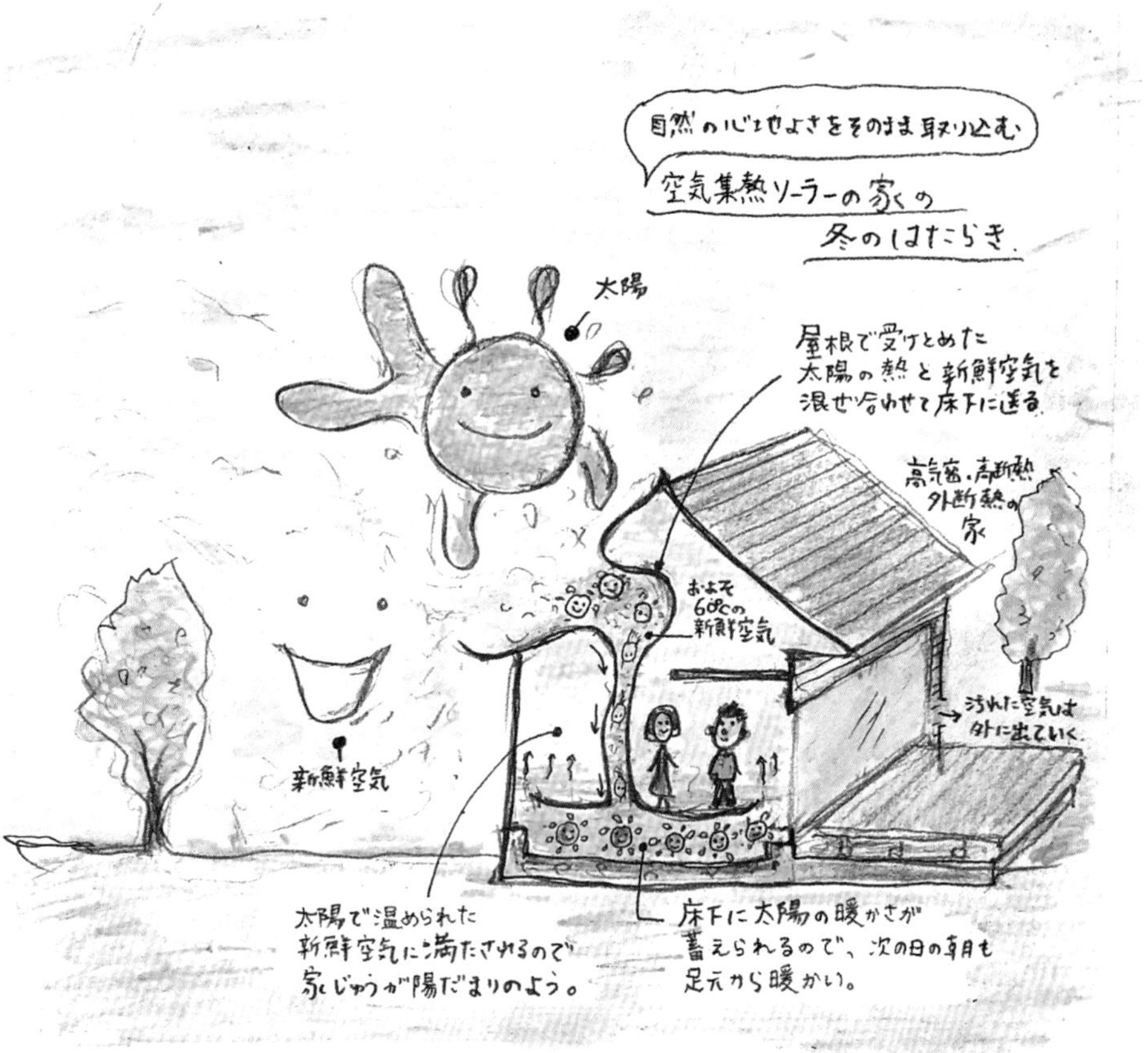
自然の心地よさをそのまま取り込む
空気集熱ソーラーの家の
冬のはたらき
太陽
屋根で受けとめた
太陽の熱と新鮮空気を
混ぜ合わせて床下に送る
高気密・高断熱
外断熱の
家
およそ
60℃の
新鮮空気
汚れた空気は
外に出ていく
新鮮空気
太陽で温められた
新鮮空気に満たされるので
家じゅうが陽だまりのよう。
床下に太陽の暖かさが
蓄えられるので、次の日の朝も
足元から暖かい。

空気集熱ソーラーのある冬の、わたしの感覚的なイメージ図。新鮮な空気とほんわかした太陽が、たくさん家の中にやってきてくれる感覚。人は、「一定」よりも「ゆらぎ」がある方が心地よく感じるそうです。以前、入院していたとき、ずっと一定の温度で過ごしているのが、気持ち悪いと感じた記憶があります。人は、やっぱり自然のリズムとリンクしている方が、心地よいのだと思います。

# 優しくて強い天然素材、杉板外壁

杉板外壁とは、杉の板を利用した外壁です。わが家の材には防腐・防蟻のためにホウ酸を注入しています。このような木の外壁材を固定するのは釘であることが多いのですが、わが家は真鍮ビスで固定しています。将来外壁を張り替えるときのことを考えてのことです。真鍮は錆びにくく、外壁の経年変化の味わいにもなじむ質感をもっています。

写真は築9年目。木目の硬い(冬目)部分は、新築時に塗った色が落ちて、ビンテージジーンズのような風合いになっています。木の外壁は傷みやすいと心配されることが多いけれど、実際はそうでもありません。色を塗るほど持ちはよくなりますが、もし、まったく塗装しなかったとしても、わたしがこの家に住んでいる間は外壁としての機能を保てるのではないかなぁと思っています。この塗装は特殊な技法が必要ないので、足場と元気さえあれば素人でも再塗装ができます。自分で塗装することで、大幅にメンテナンスコストを削減でき、何より自分や家族の手で塗った外壁は惚れ惚れするもので、家への愛着はすごく深まります。

小さな苗木から、自然の力で大きくなり、その過程では空気中の二酸化炭素を取り込んで酸素を生み出し、落とした葉で土を肥やして、たくさんの命を育む。その木を外壁として永く使わせてもらえば、家が壊されるときにも環境への負荷が少なくなります。許されるならそのまま放っておいても、土に還ってまた大地の栄養になってくれる。そんなすてきな素材でくるまれているこの家は、とても優しくて強い家だと思います。

木の外壁の色は日光や風があたる面ほど色が落ちやすい。自然な変化の中にわびさびを感じられて、この感じも気に入っている。

MT24

わが家の木の外壁は、防腐・防蟻処理を施し、壁の内側に通気層を設けて乾燥しやすくし、中では二重に防水シートが施工されている。

# メンテナンスコストがよい木の壁

『チルチンびと』という雑誌で、「外壁寿命とメンテナンスコスト」というわかりやすい特集が組まれていたので、ご紹介します。木造2階建て延床40坪、外壁面積165㎡の住宅を想定して、外壁の材質ごとに、50年間にかかるコストの予測を全国の工務店各社へヒアリングした結果だそうです。

●窯業系サイディング（最もポピュラーな外壁）…685万円（10年ごと）
●金属（ガルバリウム鋼板）…259万円（30年目より10年ごと）
●左官（漆喰等の塗り壁）…0円（メンテナンスフリー）
●石・タイル…15万円（メンテナンスフ

リー）

●塗料（ラスモルタル下地リシン吹付）…449万円（10年ごと）

●木…0円（メンテナンスフリー）

この結果はあくまでも参考ですが、木の外壁がメンテナンスフリーだという感覚は、実際に経年変化した状態を見て知ると理解できます。木の外壁は、見た目がほかの素材に比べて急激に変化しますが、この変化は表面だけで、中身を見ると建築当初の若々しい色をしているものです。わたしの家のそばに築40年以上の木の外壁の家が建っています。色は変わっていますがしっかりしています。メンテナンスのことを聞いてみたら「特に何もしていないよ」と教えてくれました。

築10年の木の外壁は塗料をよく吸い込みムラなく塗れる。塗装が楽しかったようで、全体の3分の1ぐらいは次女が塗った。

# 白い壁と木の柱—落書きがなじむ家

わが家の白い壁のほとんどは、モイスという素材です。この壁は、空気中の湿気を調整してくれるので、室内干しの洗濯物が乾きやすく、湿気が高い日も家の中はサラッとしています。ほかにもうれしい特徴があって、そのひとつが、落書きも汚れもラクラク落ちるということ。子どもにマジックで落書きされても、紙やすりできれいに消せます。

この家に住みたい！　と思った大きな理由のひとつが「子どもをのびのびと育てられそうだなぁ」ということでした。想像通り、子どもたちはのびのびと育ってくれています。小さい頃は、いろんなところに落書きされましたが、モイスの壁なので怒らずに済みました。それくらい簡単に消せて、消した跡が目立たないのです。木の部分の落書きは壁に比べるとちょっと大変です。だから木の部分には家のあちこちに落書きが残っています。

長女が「ちひろ」と自分の名前を書いた落書きがあります。見つけた瞬間、書いている姿まで目に浮かんで、思わず笑顔になってしまいました。確か4歳ぐらいのときの覚えたての字。自分の名前を書けるようになったのが、うれしくてたまらなかったのでしょう。こんなすてきな落書きは、消せるわけがありません。消さずに家族の歴史としてとっておくことにしました。

木の柱や梁がむき出しで節が適度にあるようなちょっとラフな家は、ちょっとくらい落書きがあっても許せるおおらかさがあります。子どもたちの成長の記録を、しっくりなじむ形で残せる家でよかったなぁと思います。

モイスは自然素材でできていて、調湿のほかに、不燃、消臭、ホルムアルデヒドを吸着するなどの効果がある。

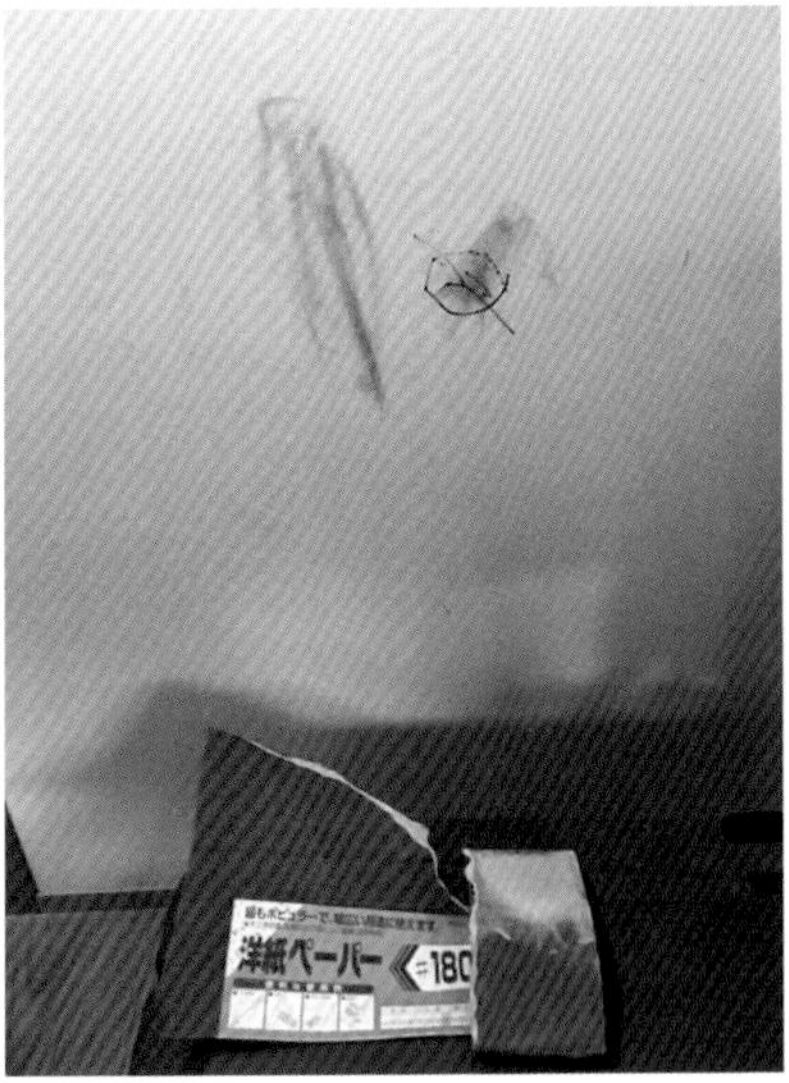
洋紙ペーパー
180

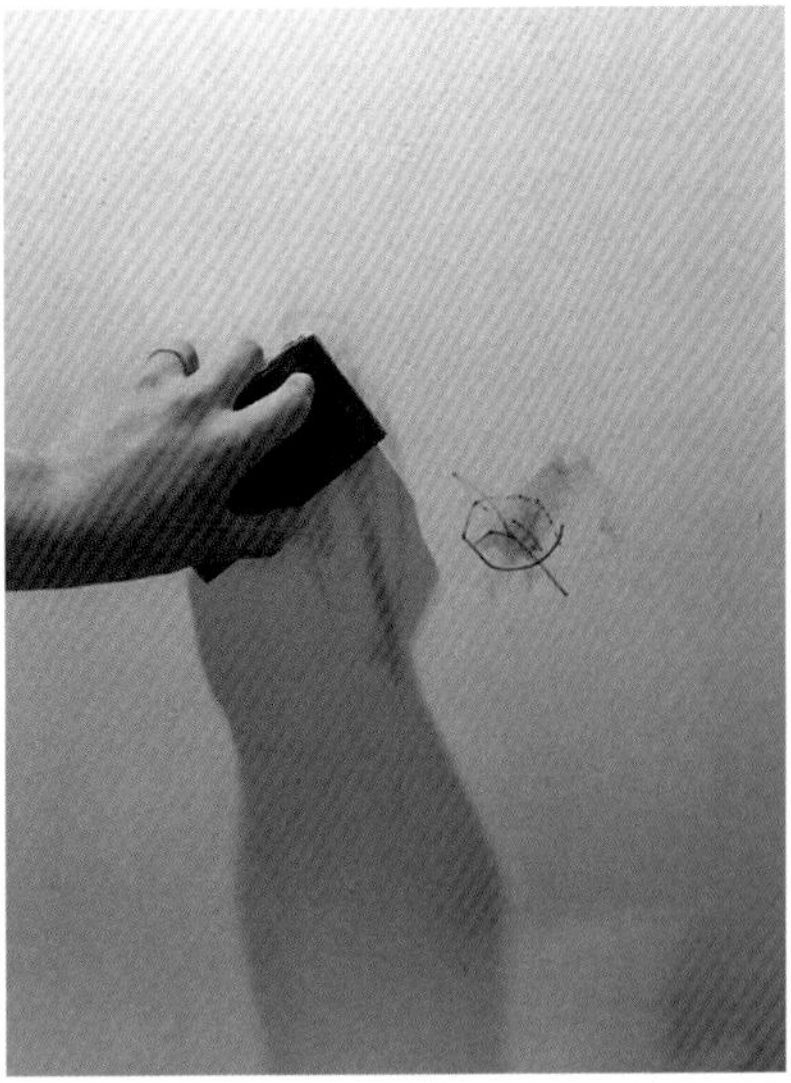

ちひろ
ちひろ

調理台の高さは、一般的な規格から3cmほど低くした82cmに。妻にとって使いやすいキッチンを目指した。ワークトップはオーク材を使用。写真左は新築時。

# 働く壁

わが家のキッチンは、とても小さく収納量も少ないです。その代わり、壁や窓を収納としてフル活用しています。調理台横の窓には、暮らす中で棚板を増やし、お気に入りのカップなどの置き場に(上写真右)。窓の下には調味料などを収める棚をつくり、妻お手製のカーテンで隠してあります。

アイランドキッチンの奥にある場所は、扉がなくても気になりません。小瓶の調味料は、同じ種類ごとに分けて収めることで、見えていても気にならず、調理しながら取り出すので、隠さない方が使い勝手はいいのです。収納として壁を使うことができるのは、なんだか得した気分になります。こ

PLAYWALL に合わせる多様な棚板やキャビネットは、キット化されていて、女性や子どもでも簡単につけられる。

の使える壁は、実用新案として登録されている工法でつくられた「PLAYWALL®」と呼ばれる壁です。

　ふつうは、クローゼット、パントリー、押入れ、納戸などの名前がついた場所が収納ですが、わが家は家じゅうの壁が収納です。例えば、リビングの壁には、ランタン、空き箱、子どもの作品、写真、いただきものの焼酎、照明器具。窓の下のカウンターや赤い折りたたみ椅子も、ふだんは壁に収まっています。収めたいものが増えたら、その都度棚を追加します。いろいろなサイズがあるので、その棚を組み合わせて、壁をアレンジする楽しみもあります。

「延床面積」というのはその家がどの程度「使える」家かをつかむことができる言葉ですが、わが家の壁はかなり「使える」ので、「延壁面積」という言葉があるとわかりやすいのになぁと思ったりします。

# 仕切りのない子ども部屋

わが家は今、長男が中2、長女が小6と思春期真っただ中の子どもがいますが、子ども部屋に仕切りはありません。家を設計するときは、将来は仕切って使えるようにと、窓の位置や動線を考えて計画しましたが、今のところ子ども部屋を仕切る壁はいらないようです。

人生という長い尺度で考えると、近い将来子どもたちは巣立って、夫婦2人の家になるでしょう。家を考えはじめた頃に、家族年表を見ながらそう思いました。

今、中2の長男は、早ければ高校卒業を迎える歳、あと5年で巣立ち、小4の末っ子は、同じように考えればあと9年で巣立つ。それから先は夫婦2人暮らしになります。そう考えると広い家はいらない。それよりも、夫婦2人になっても持て余さず、寂しくない家がいいなぁと考えました。だから、子ども部屋はできるだけ小さく、ひとりあたり2m×3mで考えました。ベッドと机、ちょっとした収納が置ける広さです。

それぞれが小学校に上がるタイミングで、それぞれのスペースをこしらえました。ベッド、机、収納を実際に設えてみると2m×2mのスペースでも収まります。なかなかいいこじんまり感。壁で細かく仕切らないからこそ、小さくても心地よく感じられる気がします。壁で2m×2mに仕切られた部屋は、さすがに息苦しそうです。

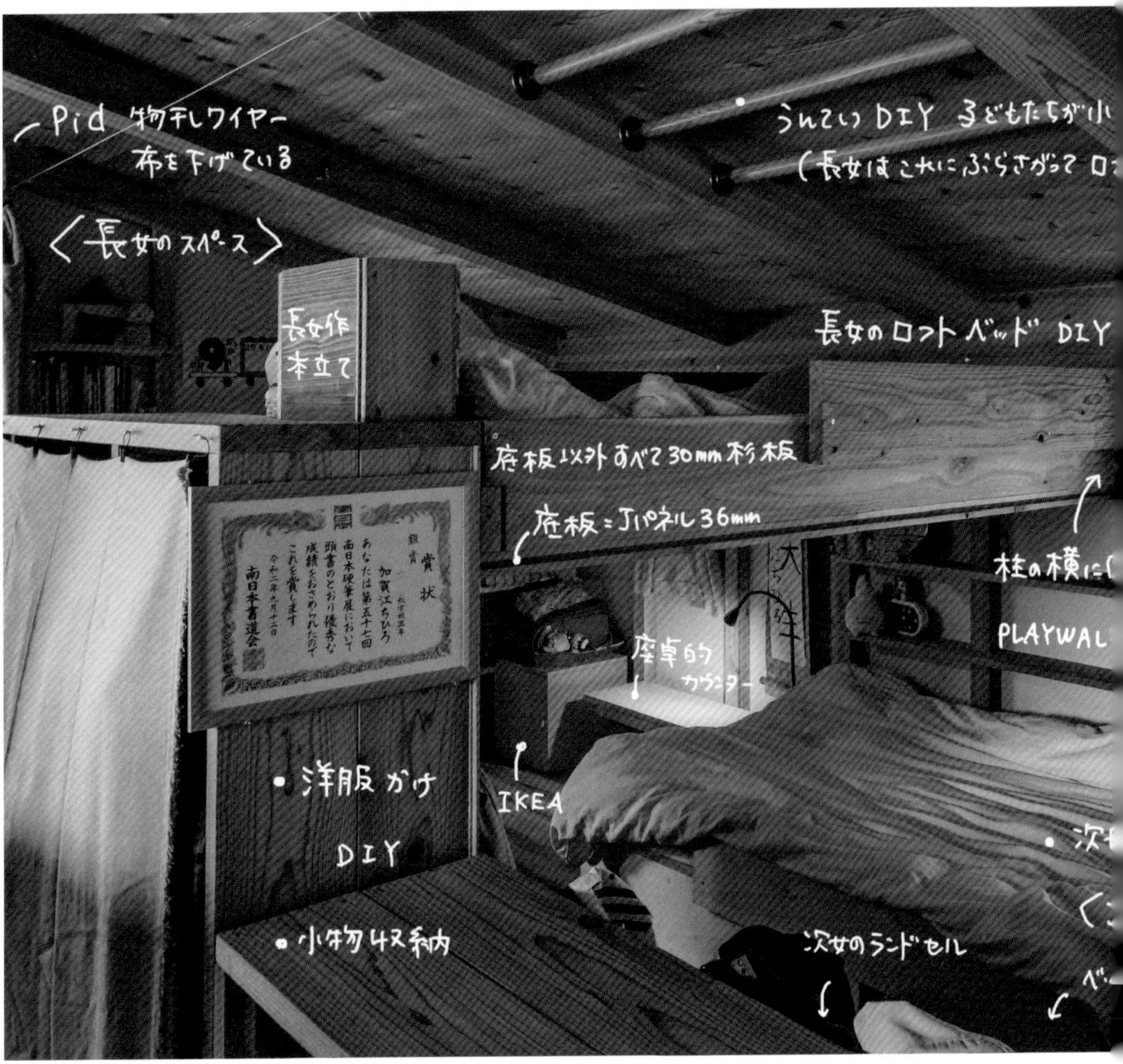

柱や梁がむき出しの工法は、隠し事のできない正直なつくり。壁内結露の心配がなく、長く安心して住むことができる。

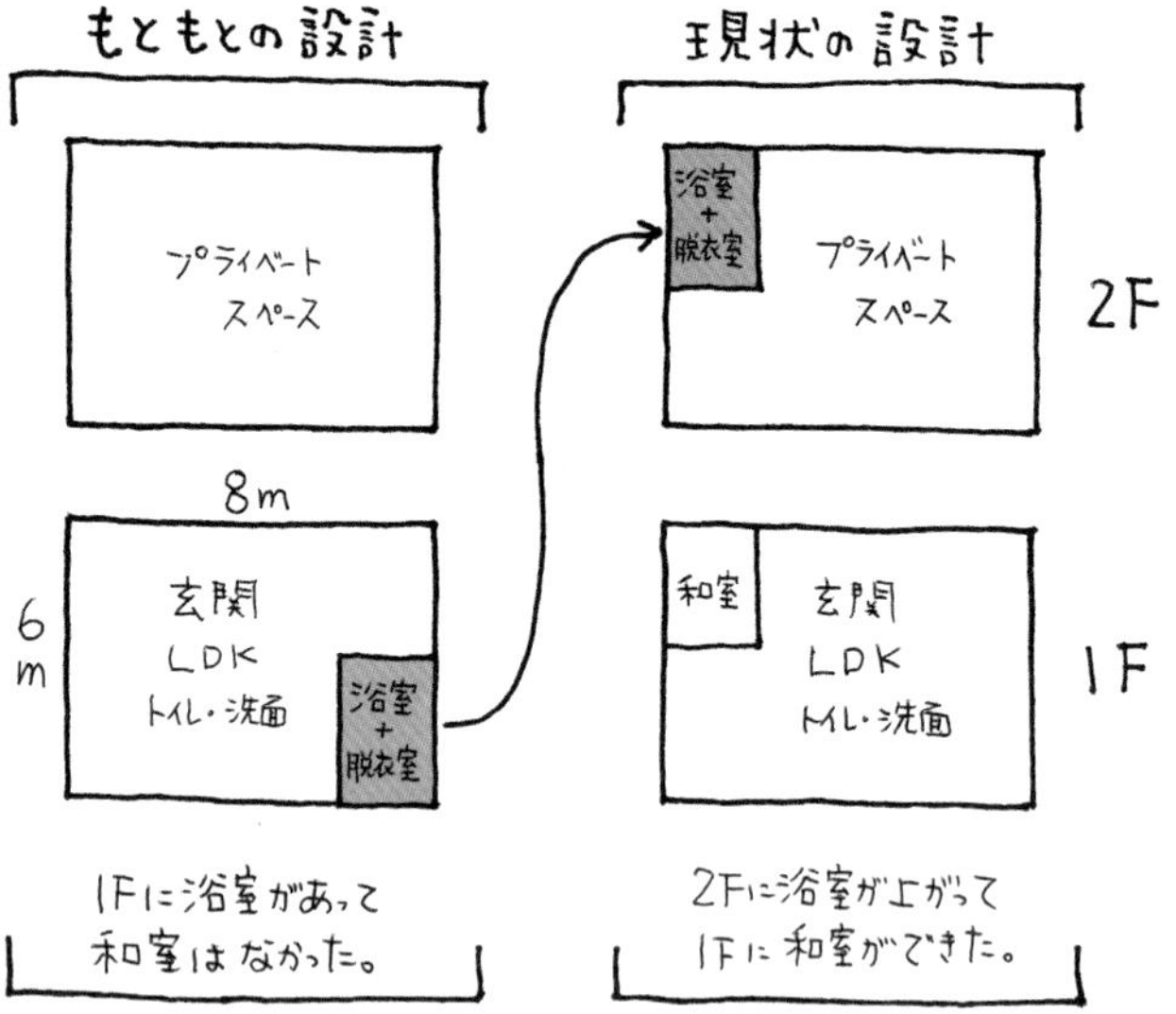


自然素材の壁と空気集熱ソーラーのおかげで、クローゼットが浴室の隣でも大丈夫。洗濯動線は、1～2歩で完結する。

# 浴室とランドリーは2階

わが家の浴室は2階にあります。はじめはコストを抑えるため、やむを得ずでした。

もともと考えていたプランでは、1階に浴室がありました。途中で和室がほしくなり、そのまま1階に和室を足そうとしたら、全体が広くなってコストが上がってしまいました。2階は余裕があったので、和室を1階につくる代わりに、浴室を2階に上げることにしました。

生活をはじめてみると、2階の浴室はとても便利。もう、1階には戻れないと思うぐらいです。洗濯は、「脱ぐ→洗う→干す→しまう→着る」を最短でできるプランにすると、楽になるものです。わが家では、

ちょっとした吹抜けになっている脱衣室の上部と、脱衣室隣のクローゼットの向かいに洗濯物を干しています。洗濯機から取り出してその場で干し、乾いた洗濯物は目の前のクローゼットにしまう。洗濯物の動線は最短距離です。平屋の家なら同じことができそうですが、寝室や子ども部屋、浴室は、リビングダイニングと物理的に分離したいものです。1階と2階に分けるとオープンでも成り立ちますが、平屋だと壁が増え風が抜けにくくなり、子ども部屋と家族の居場所との心理的距離感も遠くなっていきます。

2階の浴室で心配なのは老後のことですが、そのときは階段に昇降機をつけることができます。妻は、家の階段を1日に1、2回上り下りできないぐらい弱ったら、そもそも施設でお風呂に入るんじゃないの？　と言っていました。そう言われると確かに。

# 空気循環で家じゅう空気サラッと

入居後しばらくは「冷気は下に降りる」という原理のもと、2階の寝室のエアコンで家じゅうを冷房しようと頑張っていました。しかし、吹抜けの手すりがじゃまをして冷気が降りにくく、1階が思うように冷えないので、入居5年目に1階のリビングにもエアコンを設置しました。

1階の面積は14・5坪（30畳）ですが、冷房能力4kW（7坪・14畳用）のエアコンをセレクトしました。冷房を使うのは梅雨どきのジメジメが気になる日がメインです。8月に入るとだんだんエアコンなしで過ごせるようになります。1階の4kWのエアコン1台で、2階も涼しくしたい。この家の性能ならそれぐらいできるはず！ということで、サーキュレーターと扇風機で冷房の空気をバトンパスして2階に送り、わが家に備わっている空気集熱ソーラーの空気循環機能で、家じゅうの空気をかき混ぜて効かせる作戦を考えました。

①エアコンの冷気がくるところに扇風機を設置して、吹抜けの方に冷えた空気がいくように風を送る。

②その空気をサーキュレーターが受け取って上向きに風を送り、吹抜け越しに2階に届ける。

③空気集熱ソーラー独自の〝空気循環機能〟で2階の空気を床下から1階に送り出し、家じゅうの空気をかき混ぜる。

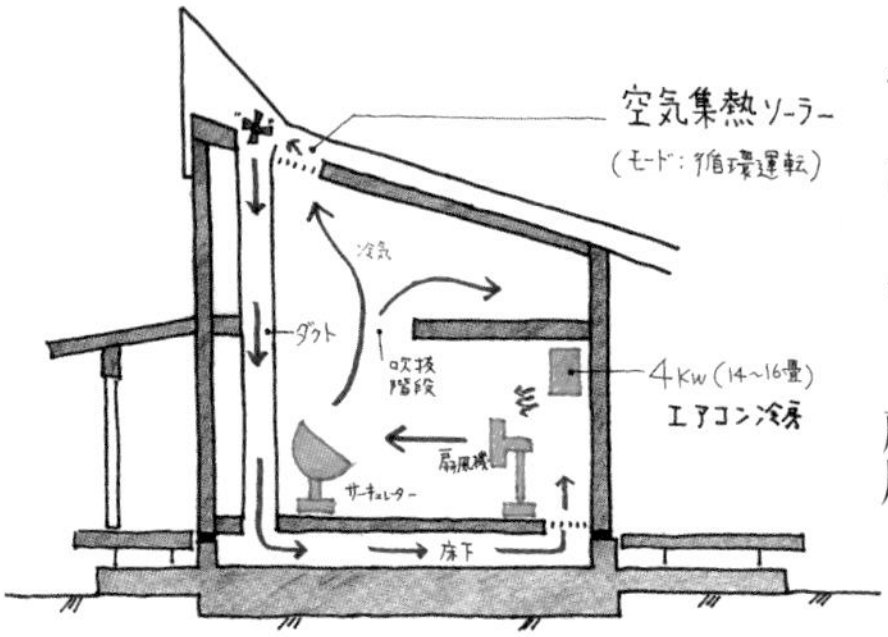

田んぼに囲まれて、湿度の高い場所に建っているわが家の梅雨でも、これで家じゅうの空気がサラッ！と涼しく快適になりました。小さなエアコン1台で、家じゅう冷房・除湿。ずいぶん得した気分です。

屋根裏から床下、家の隅々まで空気を動かすことができるので、家の長寿命化にもプラスの効果が期待できる。

# 光熱費の話ー節約主婦の電力量料金とのたたかい

家で使うエネルギー割合（資源エネルギー庁「エネルギー白書2021」より）

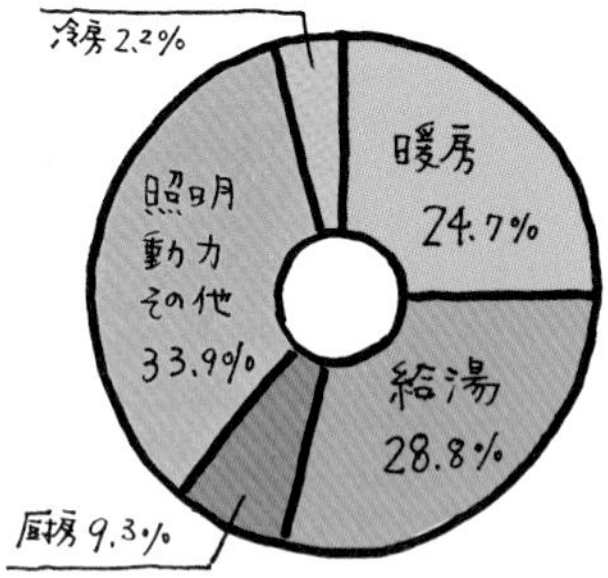


妻は「超節約主婦」。市営住宅暮らしのとき、電気、ガスを合わせた光熱費は確か5,000円台。妻の節約がなければこの家は建てられませんでした。

はじめは、オール電化で建てたわが家。入居後の光熱費は春秋で8,000円台、水が冷たくお湯を沸かすのにエネルギーを使う真冬と、夏にエアコンを使うときには10,000円台前半になりました。戸建てにしては安い方かなぁと思っていたのですが、お隣さんの話を聞いてびっくり！ ガスを使っているのにうちの光熱費とほぼ同じだったのです。

お隣さんは家族構成も年代も同じ。わが家と同じ性能の家で、大きさもほぼ同じ。洗濯機は1日2回まわして、毎日湯船につ

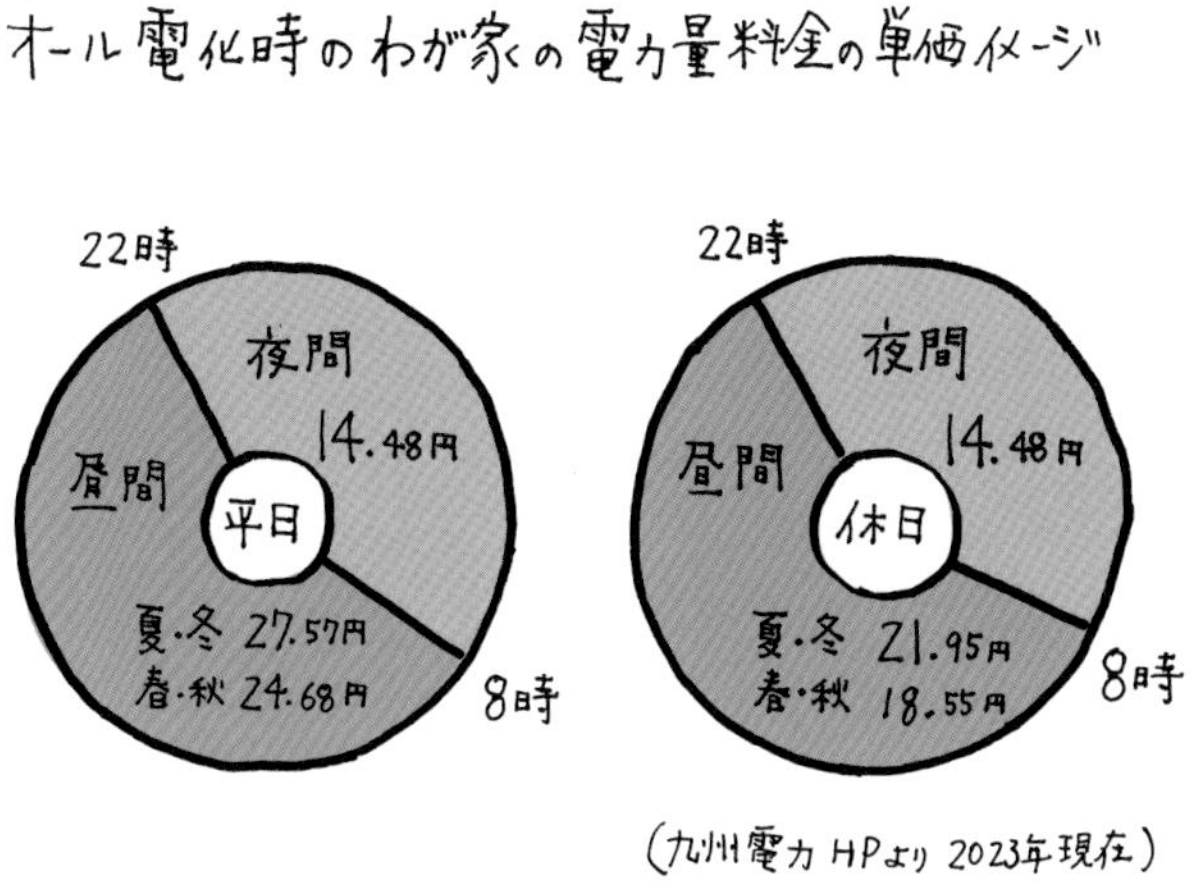


かるそうですが、わが家は洗濯は1日1回、お風呂はシャワー、お湯の使用量は当時、冬でも1日平均100リットル。新築時のコストは、オール電化に比べるとガスはだいぶ安く、仕事上の経験値ではガス給湯器の方が、寿命が長い気もします。

妻は、22時〜翌朝8時までの電気料金が安い時間帯に、電気を使う家事をしていました。洗濯機をまわすのは必ず22時を過ぎるまで待ってから、朝8時までに夜の料理まで済ませようと頑張っていました。時間通りにいかないと、ピリピリイライラすることもしばしば。築10年目、ハナレを建てるのに併せてガスに変えました。

空気集熱ソーラーのある家は、太陽の熱をそのまま暖房に使え、エアコンで暖房することが少ないので、暖房に対するオール電化のメリットがあまり発揮できなかったということかもしれません。

左／キッチン窓辺の棚板は新築時の端材を利用。右／南の庭のデッキ横につくった遊び場兼物入れ、製作途中の様子。

## 住みながらこしらえていく

家をつくるとき、予算がなかったので、気の利いた箱を用意して中身はあとで足していこうと考えました。

ここに住むまでは、ＤＩＹというとなんだかちょっと特別な趣味で、頑張ってやらないといけない感じがしていましたが、家が背中を押してくれているように思います。家って本当は、

自分の手で設えていくということが、いちばんおいしいところなんじゃないかなぁと思うのです。
キッチンの窓の棚は、窓の両脇の柱に簡単な金具をつけて棚板をのっけているだけ。窓際のソファベッドは可動式で、木で大きな下駄みたいな形をつくり、その上にマットレスをのせただけ。いろいろな場所へ置けるようサイズは吟味しました。
ダイニングテーブルとベンチは、この家ができて最初にこしらえたものです。インターネットで購入した鉄脚にオークの天板をのっけているだけ。今は、ダイニングテーブルとしての役目を終えて、ハナレの流しの天板になっています。折りたたみ式のカウンターは、新築時にあまった木材をつぎはぎ

左から順に、折りたたみ式カウンター、南の庭のバスケットゴール、窓辺のソファベッド、ダイニングテーブルとベンチ。

して、折りたたみ式の金物で固定しています。

2階のベランダもＤＩＹ。外壁に固定して縁側の屋根の上にのっけています。木の外壁だから、どこにどれくらいの大きさで下地があるのかさえわかっていたら、壁に固定するのも可能です。

南の庭のバスケットゴールは、下が物入れで、上は子どもたちの遊び場。娘2人が隣の子と一緒に上ってお菓子を食べたり、本を読んだりして活用しています。

自分の居場所を心地よく設えるという行為は、生き物の本能かもしれないなぁと思います。水槽で飼っているサワガニくんも、いつもせっせと住処をアレンジしています。

# 思いを広げるハナレ

2023年6月、1台分の駐車スペースと前庭の一部を使って「ハナレ」を建てました。

家づくりを考えるときから、ハナレを建てたいと思っていたのですが、ハナレで何をするのか？　という具体的なイメージはなく、将来何かのお店をするかもしれない。何の店かはわからない。そんな感じで思っていました。

家づくりで田舎に目を向けたときも、庭が広かったら老後に家庭菜園など、何かできるだろうと考えましたが、ハナレと同じように具体的だったわけではなく、現に今も庭で家庭菜園はしていません。その代わり、ヤギを飼ったり、農機具小屋を建てたり、これからニワトリを飼いたいなぁと、思うことができています。

わたしは家づくりに限らず、いつも「可能性を試す」ことを選んでいる気がします。ものごとに対して具体的で綿密なビジョンを描けるほど計画的ではなく、イメージする能力が足りません。それに生まれ育った環境では、希望や願望、欲望を叶えるために必要なもののひとつ、お金という大きなものがありませんでした。だから今でも、思いを叶えるために「可能性を試す」ことを無意識に選び取っているのかもしれません。

新たに建てたハナレは、ハナレとしては結構大きくて、2階建てで延床面積10坪（33㎡）です。具体的な使い道は、「泊まる」より、『住む』という感覚で滞在していただける場所。『住む』ということをより現実的に感じられるミニマムな形を考えた結果、10坪という広さになりまし

支出
支出合計
372,533 円

HOW TO

本気で、暮らしを変えたい人に。

# kakei+

クラウド家計簿 | カケイプラス

使い過ぎ防止！
ひと目でわかる
予算進捗

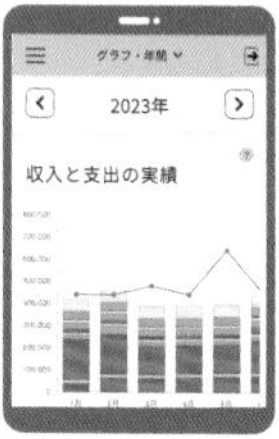

自動集計で
見やすいグラフ

キャッシュレスでも
記帳しやすい！

## こんな人におすすめ

- 教育費、老後資金をなんとかしたい
- いそがしくて記帳する時間がない
- キャッシュレス払いが多い
- 計算がおっくう
- 銀行連携するアプリは
  セキュリティが不安

株式会社婦人之友社
問い合わせ先：デジタル事業推進室　digital-info@fujinnotomo.co.jp

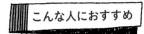

た。夫婦2人なら実際に住めそうなハナレです。

ハナレの主役は、来ていただいた『住む』人と、自然豊かな里山です。だから、できるだけ簡素な素材でシンプルにつくり、室内のトーンを落とすことで窓の向こうの里山を際立たせるようにしました。外壁は無塗装の杉板で、1階を黒っぽくしたのは、四角い木の箱が浮かんでいるようにしたかったからです。年月が経つうちに、木々の緑に包まれた鳥の巣のように自然に溶けていく……。建築的にはそんなことをイメージしています。

『住む』ということには、人にとってとても深い意味や価値があると感じています。だからこのハナレを訪れてくれた人にも「泊まる」という感覚ではなく、1日、2日『住んでみる』感覚で、住むことの意味を改めて思っていただけるといいなと思います。そして、『住む』ことを思うという共通点で縁をつないでいけたら、わたしや妻の人生にとっても、彩り豊かな機会が生まれる気がしています。

この里山の地に深く根を張り、大きく枝葉を広げて成長してきたクヌギの木を拠り所に、静かに『住む』ことを思い、人と人、家と人、自然と人、里山と人、大切なそれぞれの「点と点」をつないでいく。この小さな場所が、思いが広がる「拠り所」になるように、ハナレには「点」という名前をつけました。

可能性を試す場なので、田んぼづくりに興味のある方を募って一緒に汗をかく拠点にするなど、いろいろな可能性を試していこうと思います。

ひとりごと①

# 今を信じて進む選択

小学生のとき、2回転校をして3つの学校に通った。はじめはひょうきんな性格だったけれど、転校するたびに寡黙になり、友だちの数も減っていった。

中学生のとき、いじめにあった。小学校のときにずっと同じ学校で中学まで上がっていたらこんなことにはならなかったはず、と思っていた。

中3で高校を考えるとき、家にお金がなかったので、高校受験で滑り止めを受けられなかった。もし落ちたら……という不安から進学校の試験を受けるのが怖かったので、高校を卒業したら働けると自分を納得させて、推薦で行くことのできた工業高校に進学した。

もっと勉強したかった。やっぱり進学校に行けばよかったと思った。

高校で進路を考えるとき、指定校推薦で私立大学に進学した。新聞奨学生という制度を使って早朝3時に起きて朝刊を配り、学校から帰ってから夕刊を配って、夜は集金に回り、学費と生活費を稼いだ。苦しい思いをするたびに、進学校に行って国公立大学に通っていたら、経済的には楽だったかもなぁと思った。

就職活動のとき、いくつか内定をもらってその中の建設会社に就職した。会社で悩んで辛いと思ったとき、あのとき内定をもらった別の会社だったら、違ったかもなぁと思った。

その後、住宅の会社に転職し「やっぱり何か違うな」

と思ったとき、そもそも工業高校で建築の道に進んだのが間違っていたんじゃないかと、うんと過去までさかのぼって自分の選択を恨めしく思ったりした。

そんなときに、ある家に出合った。それまでわたしが知っていた家とは違って、初めて自分自身が「こんな家に住みたい」と純粋に思った家だった。そして、その家をつくっている会社に転職して、今もそこで働き、そこで家を建て、家族みんなで暮らしている。

もう、過去の自分の選択を恨めしく思うことはない。これまでの選択があって、いまの毎日につながっているんだと思える。あのときこうだったら……と思っていた頃は、わたしは運が悪いと思っていた。だけど、今では、わたしは本当に運がいいと感じている。

これまでの選択のうち、どれかひとつでも違うものだったら、今ここにはいないかもしれない。そう思うと、昔、「ここじゃない方がよかった」と思っていたすべての場所は、実はすべて、いちばんいい場所だったんじゃないかと思う。

「あのときこうしたらよかったかもなぁ」と思うということは、現状に不満があって現状を変えたいと

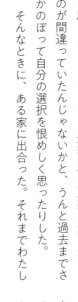

思っているから。後ろ向きな思いが、思考の全部を占めそうになる中で、そのうちの2割か3割ぐらい、かろうじて心にあったのは、「もう過去には戻れないのだから、今選ぶことのできる選択肢の中で、いちばんいいと感じる方へ進もう」という気持ちだった。

少ないながらも、その思いがいつもあったおかげで、もうこれ以上はないと言えるぐらい、自分にぴったり合うところにたどり着くことができた。それは、家族も、仕事も、毎日生きるこの家を建てた場所も、すべてにおいて。

ひとりごと②

## 未来を想い描く

新しい何かをはじめるときは、
それがうまくいくとは、あまり考えない。
うまくいくか、うまくいかないかは、
そこまで重要ではないように思っている。
何年か前から、
自分に期待することを意識的にやめることにした。
それは、人に対しても同じ。

若い頃は特に、
自分に期待し過ぎてとても苦しい思いをした。
その苦しさの元をさかのぼって考えてみたら、
期待するっていうのは、できるか、できないかに
意味を求めているのだと気がついた。

人によっては、
それがよい方に働くかもしれないけれど

わたしには、そういうやり方は合わなかった。

期待はしない。

でも、わくわくするような未来を、想うことはする。

そこでは、うまくいくか、いかないかは

まったく関係なくて、

ただ、想い、ただ、描く、ただ、それだけ。

わたしにとって意味のあることは、

できるか、できないかではなくて、

未来を想い、描くこと。

ひとりごと③

## 古くなる

古くなる。

むかしはそれを、いいことだと思っていなかった。

そしてそのことは、頭の上に空があって、

足元に地面があるぐらい
考える余地のないことだった。
だけど、今はそうではなくなって、
新しいのもいいけれど、
古くなるのは
全然違う価値をもたらしてくれると思っている。

古くなるということに
価値を感じられるようになったのは、
きっとこの家のおかげ。
わたしや、妻や、子どもたちが、
ここで毎日暮らしてあっという間に、
ほんとうにあっという間に10年が過ぎた。
かけがえのないたくさんの日々と、
この家が古くなっていく感じは
切り離せるものではなく、親密につながっている。
何だか、ここまで一緒に生きてきた
同志みたいな感覚すら覚えてしまう。

かけがえのない大切な毎日を、
日々おおらかに包んでくれるこの家が
古くなっていく感じは、
これまでの毎日の価値を、
そのまま現してくれているように思える。

ひとりごと④

## らしく、いられるように

豪華でなくていい。きらびやかでもなくていい。

自然とともに生きるなら、
目立つより、溶け込み、なじみ、風景になるように。
そうある方が、
自然が、幸せの感度を上げてくれるから。
そうある方が、十分すぎるほど穏やかで、
優しく幸せな時間を生きることができそうだから。

できるだけ、自然でいられるように。
できるだけ、らしく、いられるように。

ひとりごと⑤

## 感覚に記憶する

わたしが今、
できることの数と
できないことの数を
てんびんにかけたとしたら

はかりは、ビュンッと
できないことの方に傾く。

わたしに今、できることは
ほんのちょっとだけで
できないことだらけ。

だけど、

できるかできないか
ということを
あれこれ考えるより

それをやってみながら
どういう感じがしているかを

感覚に記憶していくことの方に
意味があるように思う。

ひとつ、ひとつ、
記憶していくことで
だんだんと、いつの間にか

できたか、できなかったかを
考えることさえなくなるくらい

息をするみたいに無意識に
できるようになることもある。

それでも
できないままのことは
そこでそのまま手放して、

そういう感じも
ひとつ、ひとつ、
生きる感覚の中に
記憶していこうと思う。

# 暮らしが人生

# 陽だまりが心の芯に届く幸せ

わが家の毎日は、外とつながっています。

朝起きて、1階のロールスクリーンを全部開けると、夜の間のぎゅっと濃密だった室内空間が、ぱーっと外に広がります。一瞬のうちに室内と外が混ざり合い、心を解き放つような空気が生まれます。「今日も、きっといい一日になりますよ～」という合図のような感じ。

天気のいい日、曇りの日、雨の日、霧の日、天候によって室内の雰囲気は変わります。それぞれの日に個性があって、その個性が体の中に浸透していく感じです。春、夏、秋、冬、季節にも個性があり、繰り返される自然の変化が、日々の暮らしを豊かにしてくれます。

この家に住むようになって、暮らしが大きく変わりました。例えば、ショッピングモールにはほとんど行かなくなり、旅行やレジャーに出かけなくても、家で過ごすだけで十分リフレッシュできるようになりました。里山の環境や、家がもたらしてくれる心地いい時間を味わううちに、自然にそうなった気がします。

大きな窓のある木の家は、生活の中に「自然の心地よさ」が寄り添ってくれます。

夏から秋には、風鈴を鳴らすそよ風とともに窓から窓へと、スーッととんぼが通り抜けていくこともしばしば。冬から春にかけては、窓辺の陽だまりが特等席です。ささやかな幸せだけれど、心の芯に届くような幸せ。その幸せの積み重ねが毎日になって、その毎日が人生になっていく。そう考えると、とてもとても大切な、ささやかな幸せです。

太陽の明るさや、ぬくもりは、機能を超えた心地よさがある。どんなに高機能のエアコンでもこの感覚はつくり出せない。

# 家で人は変わる

「家を建てていちばん変わったことはなんですか？」

あるとき、そう聞かれました。

いろいろ変わったけれど、「いちばん」は何だろう……？

思いをめぐらせた結果、はっ！　と気づきました。いちばん変わったのは、「わたし自身」です。

［変わったこと］

1 朝型の生活リズムになった。
2 家事ができるようになった。
3 皿洗いが好きになった。
4 日曜大工をはじめた。
5 アイロンがけを愉しめるようになった。
6 庭仕事を愉しめること。
7 家のことが趣味になった。
8 夏が好きになった。
9 季節の移り変わりを愉しめるようになった。
10 ふだんの暮らしがいちばん幸せだと思える。

この家を建てる前は、家ではぐうたらでゴロゴロ、何もしないダメお父さんだったのが、何とか人並みにはなれたかなぁと思えます。

孟子の言葉に「居は気を移す」という言葉があるそうです。そしてこの言葉を、松下幸之助さんは「つまり、住まいというものは、そこに住む人の心を変化させ、一つの性格を形づくる力を持っているという意味である」と解して、人格の成長をはかる場所という観点から、細心の注意をもって住まいづくりを心がけねばならない、と言ったそうです。

わたし自身の体験を通しても、その通りだと感じます。だからこそ、見た目とかデザインとかそういうことだけではなくて、住まいは人の性質を変えるぐらい力を持っているということを踏まえて、慎重に考えなければいけないと思います。

# 窓で暮らしは変わる

窓のことをしっかり考えてつくった家と、ぼんやりと考えてつくった家では、その後の暮らしに違いが生まれると思います。この家での毎日の暮らしは、窓の向こうに見えるもので、春夏秋冬、朝昼晩、晴れ、雨、曇り、雪と、移ろいゆく自然の営みを間近に感じることができます。時々刻々変化する窓の向こうの様子から、やわらかくてポジティブな波のような感じが、順繰りと心に届く……、そんな感覚があるのです。

わが家の敷地の大きな特徴は「北に広がる里山の風景」と「一面に植わっていたクヌギの木々」です。この特徴をもとに　①敷地の真ん中に建物を置く　②里山の風景に開く北の庭と、クヌギに包まれる南の庭をつくる　③大きな窓を建物の北と南に開ける　④北に広がる里山の風景〜北の庭〜家の中〜南のクヌギの庭がつながる。これを設計の軸にしてから間取りを考えていきました。

家を考えるとき、間取りを先に考えてしまいがちですが、家は窓でまわりとつながるので、まわりの環境をよく観察して、窓を先に考える方が、理にかなっているように思います。

人が心地よさを感じる素として、自然が果たす役割は大きいものです。そして、家と自然、自然と人、自然と暮らしをつなぐ役割をするのが窓。住まいの中で、窓を通して自然とつながることで人の感覚・感情によい影響が生まれ、その結果として暮らしが変わる。今思えばあたりまえのような気がすることを、この家に住むことで五感を通じて日々受け取っています。

窓を通して自然の営み、心地よさを感じられる家は、夫婦の仲をよりよくしてくれると思う。

# 家事が楽しくなる家

　家を建てる前、わたしは、仕事は一生懸命だけれど、家では何もせず、家のことは妻に甘えてすべて任せていました。家での定位置はテレビの前のソファ。そこでテレビを延々見ているだけ。しかし、この家に住んで、だんだん家のことをするようになりました。自然とそうなっていったのです。

　わが家のキッチンは、庭も家も家族の様子も、全部を感じられる位置にあります。南向きの大きな窓に面していて自然の心地よさを全身で浴びることができる。気持ちがいいから自然とキッチンに立つようになりました。

　今、わたしがいちばん好きな家事はアイロンがけです。だけど、家を建てる前は嫌いでした。アイロンがけをするのは、2階

気持ちに余裕があるときは、自然の心地よさとともに、家事の心地よさを味わう感覚になれる。忙しいときはそうもいかないけれど。

の北向きの窓と、その窓に面した畳1枚分に満たないスペース。毎朝、里山の風景を感じながら着替えをする場所です。そこでいつものように服を手に取ったある朝、清々しい窓の向こうの風景にはっとして、「今日はここでアイロンでもかけてみよう」と思ったことがきっかけでした。

清々しい窓辺で、アイロンを滑らせるたびに服のしわが伸びていく。清々しさ倍増です。この日を境に会社の制服と子どもたちの制服は、ほぼ毎日アイロンをかけています。なんだか、心のしわもシャツと一緒に伸びていくようで、今日1日をよりよくするための朝の習慣になりました。

家づくりで語られる家事は効率のことが多いですが、家事を行う場所を心地いい居場所にすることは、心地よく毎日生きるために、とても大事なことのように思います。

# 季節を感じる暮らし 春

日本には「四季」がありますが、この家に暮らすようになって、実際にはその倍か3倍ぐらい季節の変化があることに気づきました。

例えば、春の入口は、まだ残る冬の中に春の息吹を感じはじめる季節。わが家のクヌギは冬の間、枝に枯葉がついたままですが、春の入口になってやっとすべての葉が落ちます。これから新しい緑の葉を出すぞ〜という息吹が感じられます。葉を落としてしばらくの間は、葉を出す力を静かに溜めているようです。太陽の光が春の色をまといはじめる頃、一斉に若葉が芽吹きます。若葉は一晩のうちに、本当に一斉に出ているので、朝、窓を開けた瞬間にはっと心が動きます。

春が進むと、家のまわりには色鮮やかな、優しい野の花々が風にそよぎ、ミツバチが寄ってきます。大きな窓から差し込む光は、よりあたたかみのある色になり、外に出ようと親しげに誘ってくるよう。子どもたちは外に出て野の花を摘み、家に飾るようになります。

4月から5月にかけて、レンゲソウが田んぼを覆います。赤くかわいらしい花が終わりに近づく頃、田んぼを耕しはじめます。仕事に行く前に早起きをして、朝めし前のひと仕事。トラクターを操り、少し高い運転席の上で、土の匂いと朝の澄んだ空気を感じながら。

春の終わり。これからはじまる、草や虫、山の生き物たちとの優しいたたかいに身を引き締め、思いをめぐらせる初夏のスタートです。

# 季節を感じる暮らし　夏

わたしはもともと、夏が嫌いでした。

極度の暑がりで、運動おんちなのに野球部に入った中学生の頃、照りつける太陽の下でのキツイ練習や、野球部の同級生からいじめられた記憶もよみがえります。泳げないし、虫も嫌い。夏は、わたしにとって好きになる要素がまったくありませんでした。

ところが、この場所に住むようになってから、夏が好きになりました。里山の、夏の光と空気は、人の気持ちをちょっと持ち上げてくれて、閉じ込められていた動物的な感覚を開放させてくれるようです。

夏休み期間中は庭に常設プールを出します。大人も入れる大きさで、わたしもときどき入ります。子どもたちが庭でクワガタを捕まえたり、水遊びをしたり、プールで遊ぶ光景は、「幸せ」というより「ハッピー」という言葉が似合います。

夏の里山では、青々とした稲のじゅうたんをなでるように風が通り抜けていくのが見えます。大きな窓を全開にすると、風鈴の音が優しく響き、木陰を通り抜ける風の心地よさは、この季節にしか味わえません。

草刈り機を手にびっしょり汗を流しながら、里山の風景に溶け、自然との優しいたたかいに挑んでいると、自分の命の確かなエネルギーも感じられます。全力で生きた日の夕飯はとてもおいしく、ふだんは飲まないビールの味も、このときばかりは格別に感じられます。

# 季節を感じる暮らし 秋

秋は表庭の木々が、葉の色でバトンタッチしながら季節の変化を教えてくれます。最初に色づくのはイチョウ。そのあとヤマボウシが褐色になったら、クヌギの葉が茶色くなって落ち葉が本格的になり、モミジが真っ赤に色づくと冬が始まります。

表庭や玄関前のアプローチは、この家を訪れる人が最初に見る場所です。ふだんの自分とよそゆきの自分が入れ替わる場所でもあります。だから、季節の移ろいを感じられる木々を植え、そこを歩くことが癒しや楽しみになるようにしました。アプローチから見える玄関の表情は、暮らしを映し出す鏡でもあります。設計のとき、玄関ドアと壁の余白のバランスを吟味し、ここに椅子を置いて心地よく感じられるよう、イメージしました。

アプローチに降り積もった落ち葉は、目に美しく、歩くとカサカサ音がして耳にも心地いい。土を肥やし雑草の繁殖も抑えてくれるので、落ち葉はできるだけそのままにしています。

クヌギは、どんぐりを落としてから葉を落とします。どんぐりの上から落ち葉の布団をかけることで、アナグマなどの動物に食べられずに残り、落ち葉に染み込んだ雨水で適度な湿度が保たれて、春に芽を出すことができる。このすてきな営みを庭の落ち葉が教えてくれました。

とはいえ、たまには落ち葉掃除をしないと、なんとなくご近所さんに悪いような気もします。竹ぼうきで集めた落ち葉で焚火をして、ついでに焼き芋を焼く。落ち葉は本当にたくさんの楽しみや心地よさをもたらしてくれます。

モミジは、わが家の玄関アプローチにはなくてはならない存在。単なる「木」を超えた存在になっている。

# 季節を感じる暮らし 冬

冬、はるか遠い宇宙を抜けて、わが家の窓辺にたどり着き、幸せな時間を届けてくれる太陽。ある冬、インフルエンザにかかって休んでいるとき、寝室の窓辺に差し込む光の筋を見ながら「ずっと昔からあり続けるあたりまえのことこそ特別で、見るからに特別そうなものは、それほどでもないのだ」と教えられた気がしました。陽だまりの窓辺で過ごせる心地よさは、自然がいつももたらしてくれる豊かさと、ふだんの生活をあたりまえのように送ることのできる幸せを教えてくれます。

太陽の暖かさを、そのまま暖房に使える空気集熱ソーラーのおかげで、冬は家じゅう優しい暖かさに包まれるわが家ですが、太陽が照っていない日が続くと、寒くなります。そのときに活躍するのが薪ストーブ。薪ストーブは単なる「暖房器具」ではなくて、冬独特のちょっと陰鬱な時間を、味わい深い楽しみの時間に変えてくれます。ふつうの暖房器具と違うところは、嫌な臭いがしない、室内の空気が汚れない、自然な暖かさ、炎の揺らぎが心地いい、剪定した庭木の枝を活かせる、焼き芋やピザ、煮炊き料理に使えるなどなど。

赤々と燃える薪ストーブのまわりには、自然と家族が集まります。ボードゲームやカードゲームなどアナログな遊びをしながら家族と過ごすひとときは、なんだかとても豊かな時間。里山の冬は、直前まで続いていた、自然との優しいたたかいの疲れを癒す、ゆったりとした空気が流れています。

真冬でも太陽が照っていれば、空気集熱ソーラーのおかげで暖かいので、冬にエアコンの暖房を使うことはない。

# 食べ物の変化で健康的に

こういうところに住んでいると、食もナチュラルなんじゃないかと思われますが、食へのこだわりはそれほどありません。実はわたしは、ジャンキーな食べ物が好きだったりします。妻は、ジャンキーで不健康そうな食べ物が単純に好みではないようです。ふだんの食事やお弁当を妻がつくってくれているおかげで、こんなわたしでも健康でいられるのです。

食に関して、かなり思考が遅れているわたしでも、この家に住むようになって変わったことがあります。ひとつは、外食がものすごく減ったこと。もともと多くはなかったのですが、カフェに行くより、おいしいケーキを買って帰り、自分で淹れたコーヒーと一緒に、里山の自然を感じながら食べる方がずっといい。ふたつめは、近所のおじちゃんがつくる無農薬有機栽培の野菜をいただいたり、田んぼや畑で一緒に育てていく中で、少しずつ、食べ物を自分で育てることの豊かさやおもしろさ、そうであることの自然さを感じられるようになってきました。

自然のサイクルの中でおいしい野菜ができることを実際に体験することで、食べ物本来の姿に直接触れられたように思います。体験することによって「こっちの方が自然だからやっぱりいい」という感覚が持てるようになりました。

2022年からは、田んぼを借りて米づくりをはじめました。自分で育てたお米だとあきらかに「おかわり」が増えます。ホタルが育つきれいな水と有機肥料で栽培し、はざかけをして太陽の光で乾燥させたお米は、本当においしいものです。

ご近所のおじちゃんたちが、いろいろなお裾分けを届けてくれる。ときどき、猪や鹿の肉をいただくことも。

## 収納と片づけ

キッチンの収納は少ない方です。実用的には困っていませんが、今後、例えば全自動のコーヒーメーカーがほしいとか、電動ミルを置きたい！　となると手狭になりそうです。もし、このままでは置けないぞとなったとしても、木の家なのでＤＩＹで何とかなるでしょう。

洗面所は、壁に扉つきの造作収納があります。カウンターの下は、つくり込みをせずオープンな状態で、バケツ、ティッシュ、歯ブラシ、整髪料などのストック、ヘアドライヤーなどを収め、布で隠しています。

玄関は、壁に自由に棚をつけられます。この棚にコートなどをかけられるのがとても便利です。

玄関横は、土間につながる納戸があり、ふだんわ

たしは、そこに仕事道具を置き、通り抜けて中に入ります。納戸にはほかに、DIYの道具や、掃除道具、靴、ゴミ出し前のものなどが雑多に収まっていて、ここは散らかっていてもいい場所として大目に見ています。

ほかには、小上がりの和室の下が床下収納になっていて、来客用の布団や扇風機、キャンプ道具、季節外のものなどが収まっています。床下収納といっても、基礎のコンクリートに直置きです。ここは、外の湿気が直接入ってこないつくりで、空気が循環しているので、布団もすのこを置いてその上に気兼ねなく収納できます。階段下収納や屋根裏も押入れ的に使えて、家じゅう余すことなく収納に使っています。

収納は、多ければいいというものではなく、ちょうどいいところにちょうどいい量が、ちょうどよく収まるのがいちばん。まだ理想のスタイルにはほど遠いので、少しずつ変えていけたらと思っています。

見える場所にものを収納するとき、そこにある意味を考える。意味が薄いものは、別の場所に置くようにしている。

# 子どもの片づけ

子どもたちが小さかった頃は、リビングに置いた収納ボックス2つにおもちゃを全部入れていました。成長して小学校に上がると、それぞれの場所を用意して、自分のものはできるだけ自分の場所にしまってもらうようにしてきました。ただし、未だにうまくいかないことも多いです。

リビングの空間にも、トランプや子ども用のタブレット、図書館で借りてきた本など、子どもたちのものが何かしら出ています。キャビネットや階段下収納、壁の裏の死角になるところにしまって、できるだけ片づいて見えるように意識していますが、あまり神経質にならないように、とも思います。

夜、仕事から帰ったとき、子どもが散らかした様子を見て、その日どんな過ごし方をしたのかがわかるのは悪くないと思う。

大人の思いどおりに、子どもたちが片づけられないのは、そういうものと思うようにしています。大人の自分でも、完璧にできるわけではなく、子どもに偉そうに言えないことをわかっているから。

散らかしていたら、ある程度は片づけてと言いますが、片づけなくてもできるだけ怒ることはせず、わたしが代わりに片づけることも大事かもなぁと思っています。

力づくで無理にやらせたり、自分のことさえやっていればそれでいいということではなく、人がやらない、できないのなら、代わりに自分がやるという感覚が、子どもたちにもこの暮らしを通して染み込んでくれたらいいなぁという期待を込めて。

成長に合わせて、そのときどきの子どもたちや家の様子を感じとりながら、臨機応変におもしろがって工夫できるといいなぁと思っています。

# 田舎での子育て

家から小中学校まで3㎞あります。基本的に歩いて通学しますが、雨の日や、帰りが遅くなるときは送迎します。最寄りのバス停まで1㎞あり、街の高校までは15～20㎞あるので、高校に通うのにも、なんらかの送迎が必要だと考えています。このことは、ふつうデメリットだと思われることです。けれど、わたし自身がそうであったように、通学の時間は、子どもが自分と向き合い思考する時間になります。また、送迎の車の中では、自動的に親子のコミュニケーションの時間が取れると思うと、このデメリットはポジティブに変換できます。

ある年の学力テストで長男の学年は全国平均よりちょっと高かったそうですが、学年によって差があるので一概には言えません。近くには個人塾しかありませんが、わたし自身、塾に行かずに育ったので、まったく気にしていません。

とはいえ、机に座って行う勉強の面では、街の方がいろいろと有利なのは事実だと思います。だけど、街では得がたい、長い時間軸の中でじわ～っと効き目のありそうな「何か」があると感じています。小規模の学校ならではの学年を縦断するつながりや、庭仕事や田んぼの手伝い、ヤギの世話、夜の散歩でホタルを見たり、ヘビ、シカ、イノシシ、アナグマなどの生き物の存在が身近にあったり、自然から日々何かを受け取って工夫して何かを生み出したり。

里山での子育ては、脳の中の「思うこと」「感じること」「考えること」の回路に、いつも新鮮な刺激が通っているような気がして、そういう面では恵まれていると感じています。

日常生活の中で自然に触れられるのは、創造性を養うのにとてもいいことだと感じる。

10

# 子育て観と親の気持ち

子どもが小さなときは、イヤイヤやかんしゃくが出ると、何をやってもダメでどうしたらいいかわからず、わからないから怒るしかなくて、自己嫌悪に。そんなことの繰り返しでした。子どもたちも成長し、上2人は思春期真っただ中ですが、幼かった頃に比べて、自分の感情をコントロールできるようになりました。子ども自身が家族の一員としてどう振る舞ったらいいかを考え、実行できるようになってきたことを強く感じます。

子どもたちには、人として社会で生き抜いていくために、これは正した方がいいなと感じたことは、けっこう厳しめに話をしてきました。なぜそのことに対して話しているのか？　なぜそれがいけないことなのか？　お父さんはこう思うけどあなたはどう思う？　と最終的には自分で考えることを促します。やるべきことを覚えることも大事ですが、多様な価値観が入り乱れる世の中では、自分で考え自分で決めて、自分の意志で動くことがもっと大事だと思います。

これまで子どもたちと向き合ってきて感じていることは、子どもは大人が思うようにならないのが正常な姿だということ。それは、妻の身長を超して、わたしの目線に近づいてきた中2の長男でも同じです。そして、いちばん心がけないといけないと自分に言い聞かせているのは、決めつけないこと。親より子が正しいこともあるものです。

違う個性を持つ3人の子どもたちにとって、家庭がいちばん居心地がよく心を育む場所であるように、日々心がけていくことが、親であるわたしの責任であり、役目だと思っています。

住まいは、子育てのあり方にも影響を与えるものだと思う。おおらかな家は、おおらかな子育てができるような気がする。

# 2反の田んぼ

ある日、偶然のご縁がつながって「田んぼをやりませんか？」と声をかけていただきました。

田んぼをやりたい！　と思ったことはなく、やり方もわからず、道具のあてもありませんでしたが、ここに住んでいると、いつかそのときがくるだろうとは思っていました。縁がまわってきたら流れに身を任せてみるのもいいかなと思っているので、はじめることにしました。2022年のことです。

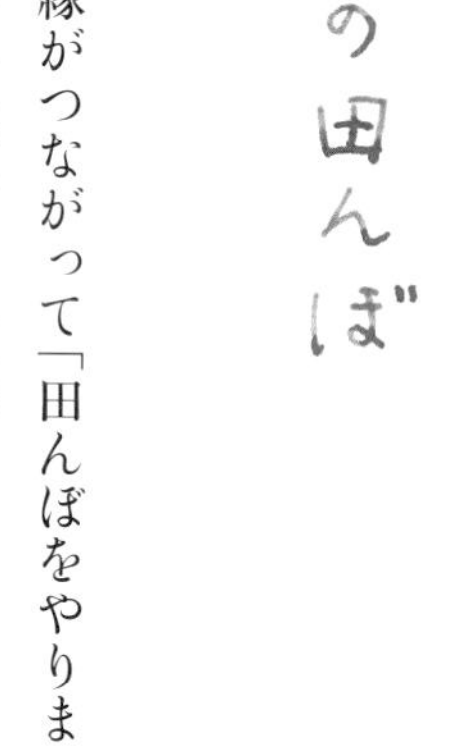

近所のおじちゃんたちや、田植え機を購入した縁で知り合った遠くのおじちゃんに、手取り足取り手伝っていただいたおかげで、1年目は完璧に近いできでした。

2年目の今年は、隣のおじちゃんが田んぼをやめたことで2反から3反に増えました。田起こしや代掻きなど、トラクターで耕すことからほとんど自分たち家族でやり

ました。しかし、夫婦して仕事やＰＴＡなどで草取りが十分できず、どうやら田起こしや代掻きもうまくできていなかったようです。草ボーボーのヒエだらけになってしまいました。

ご近所さんや妻は、「やっていけるの？」と、心配しているようですが、これが今の実力。ただそれだけのことで、わたしはまったく心配していません。米づくりがそんなに甘いはずがないのです。

田んぼは家から見えるところにある。自分が食べるお米を自分で育てられることの価値はとても大きくて、豊かな気持ちになる。

1年1年、少しずつ感覚をつかんで、10年たった頃に一人前になれたらそれでいい。もし、田んぼを仕事にするのならそんな悠長なことは言っていられませんが、下手だったことがだんだん上手になって、自分たちがつくったお米を食べられる幸せを味わい、命に染み込ませる経験をしながらこの環境を守っていけたなら、こんなに素晴らしいことはありません。

## 「大切な欲」を見極める

わたしの中に、欲はいつもあります。「欲」という言葉には、なんとなくプラスよりマイナスの印象を感じてしまいますが、欲は人が幸せになるために役立つものだとわたしは思います。だから、抑え込むよりも、欲と一緒に生きる方がいい。ただ、どんなにためになるものでも、度が過ぎれば悪になってしまうのと同じように、欲とも程よくつき合う必要があります。

わが家を育てていく中で、「子どもたちが遊べる場所ができたらいいなぁ」というのも欲だし、そもそも、「家がほしい」というのも欲です。わたしの中にいつも身近にある欲は、「お菓子が食べたいな」とか、「アイスが食べたいな」とか。次元の低い欲ですが、その欲を満たすことで小さな幸せを感じられて、気分転換もでき、「よし、また頑張ろう!」と思えます。「人間性を研きたい」というのも、わたしの中にある欲です。これは生きている間じゅう、ずっと追い続ける欲だと思います。

いろいろな欲をいっぺんに満たすことはできないので、ちょうどよいタイミングがめぐってくるまで、ひとつひとつ心の中であたためておくような感じも、自分の中にはあります。あたためているうちに、価値の低い欲は消えてなくなっていくでしょう。消えずに残り続けている欲が、自分にとって大切な価値の高い欲なのだと思えます。心の中の大切な欲に常に少しずつ熱を届け、あたため続けていると、いつの間にかその欲を叶えるための材料がそろい、形にする機会がめぐってくるのだと思います。

デッキのカウンターは日曜大工でつけた。子どもたちはこのカウンターで、毎年夏休みの習字と絵の宿題をしている。

ひとりごと⑥

# 親としての振る舞い

泣きたくなったり、
何もできなくなるくらい思い悩んだり
人と会うのがこわくなったり……。
そういう感情が芽生える自分自身とのたたかいを
乗り越えてきた数だけ
自分以外の人のことまで深く考えられるようになって
その先には、
幸せになれる機会や権利が重ねられていくように思う。

自身の過去にはそう言い聞かせることができても
子どもにはできるだけ、
そういう感情と出合うことなく
穏やかに過ごせるようにと願う。

どんなに凍える夜も、強い風が吹きつける嵐の中でも
灼熱の太陽が照りつける日も

自然と呼ばれる木々は、
いつだってひとりしっかりと大地に根を張り、
黙々と耐えきった先に爽やかな青空のもと、
幸せそうに穏やかに葉を揺らす。

子どもが太く美しく成長するために
しっかり根を張る豊かな土壌をこしらえられるよう
これから先も、親としての振る舞いを
試行錯誤し続けていく。

ひとりごと⑦

# 遠くを見て、今を生きる

ずっと、ずっと遠くを見ている。
近くにあるものや近くにあることは
自分の力ではどうしようもないことの方が
多いような気がして。
そういうことやそういうものに心を奪われて
壊れてしまったり道を間違えてしまったり
夢や希望が重荷になってしまわないよう
ずっと、ずっと遠くを見ている。

ずっと遠くは自分の思う通りに描き、
見ることができる。
ずっと、ずっと遠くを見て、
ただ、そこにたどり着くために
ただ、前へ前へ一歩ずつ歩みを続ける。

ずっと遠くに描いたそこに向かって

歩みを続けるために
今、何をすればいいか
今、どちらに行けばいいか
ただ、考えて、ただ、そうするだけ。

ただ、ずっと遠くを見て今を生きる。

自分の弱さとうまく付き合おうと、
もがいているうちに
だんだん、だんだん
そうなって
今年も、昨年も、
一昨年も、
ずっとずっと前も
見ている場所は、
ずっと遠くの
同じ場所。

ひとりごと⑧

# 誰かのおかげで成り立っている

うまくいかないことや、実を結ばないことがふつうで
ときどきいいことが起こると、
次はどんな悪いことが起こるのかと
不安に駆られる……
そう思って生きていた。

生身の生活の中で、人は平等ではないことが
前提なんだと自らに刻んで生きていた。

ひとつ努力して、ひとつ結果が出ることはなくて
十努力しても、百努力しても、
ひとつの結果が出るとも限らない。
そんな現実に反発しても仕方がないから、
そういうものなんだと受け入れて

それに負の感情を抱く余地もないぐらい
そういうことの中で生きていた。

努力というものは、報われないことの方が
はるかに多いと身に刻まれていくうちに、
いつの間にか、努力するぞ！　みたいな感覚は
自分の中にあまり見あたらなくなっていた。

ただ、ちゃんとして、ちゃんと考えていないと
どんどん悪くなっていくような気がするから、
ちゃんとして、ちゃんと考える。

それは、これ以上悪くならないために、
最低限やり続けるもので
努力という感じとはちょっと違う。
いつも、そうする方がいいに違いないという
ものさしみたいなものはずっと持ち続けていて、
誰に何と言われても、そのものさしに合う方を
選び続けている。

これまでを
振り返って今
思うことは、
ただただ、
とても運がよかった
ということ。

努力という感覚は
見あたらなく
なったけど、
奇跡のような
縁に恵まれて、
すてきな人に出会い素晴らしい場所にたどり着き、
あたたかな家族とともに今を生きている。

本当にとても運がいい。
わたしのすべてはいつも、
誰かや何かのおかげで成り立っている。

## Q&A 物の選び方について

家に迎えるものを選ぶときには、妻と話し合って決めることが多いです。

この家に住むまで、妻との会話が少なかったのは、お互いに趣味らしい趣味がなかったからかもしれません。この家に住むようになってからは、わたしにとって、この家や暮らしが趣味みたいなもので、それは妻も似たような感じなんじゃないかと思います。家やここでの暮らしのおかげで夫婦の会話が増えて、つながりがよりやわらかく、心地よくなった気がします。

ものを選ぶときに夫婦で話しているのは、この家やここでの暮らしをよりよくしてくれるか。夫婦で、この家、ここでの暮らし、という共通のフィルターを通してものを選んでいるので、大きなズレはないように思います。

わたしたち夫婦にとって、「子はかすがい、家や暮らしはもっとかすがい」かもしれません。

# Q&A インテリアについて

できれば実用的に使うものが、そのまま住まいを彩るものになるといいなと思っています。だから、わが家にあるもので、装飾的なものは多くありません。

空間を飾るという行為にはセンスが必要です。わたしには、今のところそのセンスが足りないように思います。ちなみに整理整頓のセンスもないので、それが影響している気もします。

観葉植物にも何度かチャレンジしたことがありますが、まめでないわたしには、うまく世話ができません。庭も花壇で育てるような花はなく、勝手に生えてきてくれる花だけです。

不得意なことが多いので、インテリアに関しては、できれば「生活」に近いものだけで、住まいという世界を彩っていけたらと思っています。そうすることで、わたしや家族の存在が、そのまま住まいに映し出されていくような気もして、それはそれで豊かなことなんじゃないかなぁと思います。

# Q&A 椅子について

わが家の椅子の多くは中古品です。ダイニングの椅子は、たぶんみんなわたしより年上。1970 年代かそれ以前の椅子だと思います。選ぶときの基準は、木製でフォルムがきれい。かつ、脚を短くしてもデザインが極端に崩れないもの。脚を短くする前提で選んでいます。

一般的にダイニングの椅子の多くは、シートまでの高さが 40cm以上。例えばセブンチェア（アルネ・ヤコブセン作）は 43cm、Y チェア（ハンス・J・ウェグナー作）は 45cmです。わが家は天井が高くないので、家具は全体的に低い方がバランスがよく、部屋が広く感じられます。また、日本人の体形や、靴を脱いで過ごす生活習慣を考えると、43cm、45cmは高いように思います。

わが家の椅子はシートの高さが 38cmになるようにカットしています。ちなみに、母屋のダイニングテーブルはイギリスの A.H. マッキントッシュ社のものを 65cmの高さになるようにカット。デザインした人には怒られそうですが、椅子は自分と家に合うということがいちばんだと思います。

母屋の椅子
デザイナー：
Erik Buch（エリック・バック）
デザイン年代：1960 年代
元のシート高さ：43㎝

ハナレの椅子
デザイナー：
辻木工（椅子の名称は不明）
デザイン年代：1970 年代
元のシート高さ：41㎝

# Q&A 照明について

母屋1階のペンダントライトは1970年代ぐらいの中古品です。さりげなくて、潔く、曲面をなでるように広がる光がきれいです。

ハナレにはフロアライトを置きました。極限までシンプルなものを、と選んだもの。天井高さが2m10cmと低くて大きな窓がある部屋は、風景をより際立たせるために天井の照明はやめました。代わりに、窓から壁にかけて通したリネンのカーテンの奥に、間接照明を仕込み、夜は空間全体がリネン越しの優しい光に包まれます。

流しのある部屋には、道路から窓越しに見えるところに乳白色のガラスのペンダント照明を下げました。

母屋とハナレの両方にあるのは、メイデイという名前の照明。床に置いたり壁に掛けたり、外で使ったり、フレキシブルに使えます。

シンプルだけど、ずっと見ていたくなるような照明が好きです。里山ののどかな風景にもなじみ、この場所をよりよく引き立ててくれるような気がするからです。

## フロアライト

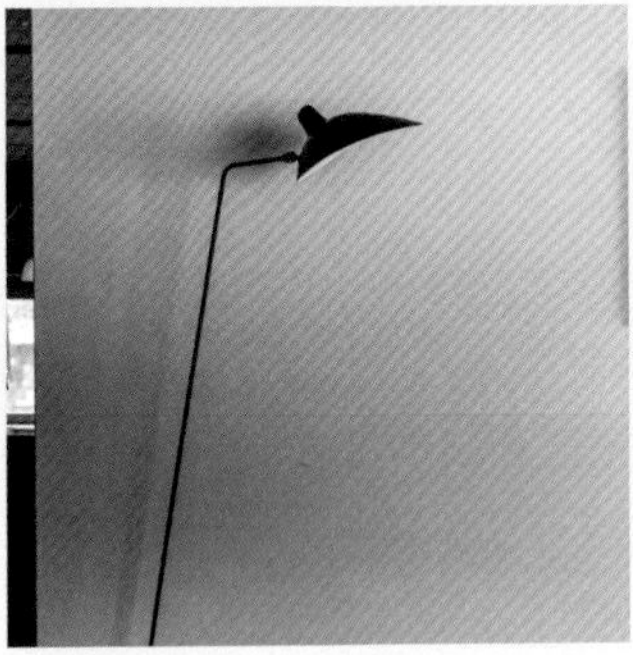

LAMPADAIRE 1 LUMIERE
(ランパデール・アン・ルミエール)
デザイナー:Serge Mouille(セルジュ・ムーユ)
デザイン年代:1950 年代

## ペンダントライト

SEMI PENDANT(φ 60cm)
(セミ・ペンダント)
デザイナー:Claus Bonderup(クラウス・ボンデラップ) / Torsten Thorup(トルステン・ソーアップ)
デザイン年代:1960 年代

## フレキシブルライト

MAYDAY
(メイデイ)
デザイナー:Konstantin Grcic
(コンスタンチン・グルチッチ)
デザイン年代:2000 年

## ペンダントライト

Copenhagen Pendant LAMP SC6
(コペンハーゲンペンダントランプ SC6)
デザイナー:Space Copenhagen
(スペース コペンハーゲン)
デザイン年代:2016 年

Q&A

最近購入したものについて

最近買った大きなものは、トラクターです。24馬力40万円。もちろん中古です。

売ってくれたおじちゃんが、これぐらいの価格ではなかなかないんだよと力説していました。

里山暮らしでは、街暮らしでは買わないものがいろいろあります。例えば、草刈り機。エンジン式が3台あります。今年から中2の息子が農作業の戦力になったので、1台追加して3台になりました。草刈り機は、この土地を買ったときには充電式でしたが、暮らしてみると充電式では追いつきません。

田んぼ関連では、もみの保冷庫があります。7俵入ります。ほかにも田植え機、稲刈り機、脱穀機など機械類は全部中古。かなり年季が入っていますが、電子制御ではないから長持ちするんだろうなと感じています。

ここに住まなければ、出合うことはなかったであろう品々。機械類が多いので、いつか自分でメンテナンスできるようになりたいなぁと思っています。

# Q&A 工務店選びについて

住宅会社の決め手をインターネットで調べてみると、デザイン、営業マン、価格、性能、知名度、といったものが上位に上がっています。

わたしは、2010年6月にシンケンという工務店がつくった木の家のモデルハウスにひと目ぼれして、その3か月後に社員になり、3年後に家を建てました。

でも、そのときのわたしは木の家が嫌いでした。営業マンに接客されたわけでもなく、価格も性能もよく知らない。だけど、その工務店を選びました。

どうしてでしょうか。「思想」というとおおげさに聞こえるかもしれませんが、その家に、凛とした深い何かを感じたからだと思います。

建築の世界には「建築思想」という言葉があります。その建築にどういう思想が流れているかを、設計者自ら語ったり、外部から論じたりするのです。

モデルハウスや見学会で、この家にはどういう「思想」が流れていますか？　と聞いてみたら何と答えてくれるでしょうか。そんな質問をするお客さまはいないので、驚かれるかもしれません。だけど、わたしがいちばん大事だと思うことです。

# おわりに

　この場所に住んで、わたしは新しい自分に気づきました。こんなわたしでも、自然の中の方が心地よく生きられるということ（虫嫌い、動植物の世話ができない。暑がり・寒がり。面倒くさがり。キャンプも興味ない）。「地球環境のこと」というと、エネルギーや温暖化、ＳＤＧｓという横文字な視点で捉えられることの方が多いような気がしています。それは正しくて実践すべき問題だと頭ではわかっていても、自分のことや毎日を生きることに必死なわたしは、そこまで思考が回らない。そ自分ごとにするには、道徳的、倫理的、理知的に自分を矯正するしかない。そう感じていましたが、今では、とても身体的で感覚的なことになり、地球環境のことを想うために自分を矯正する必要がなくなったような気がします。住むということを想い、よりよい在り方を選び取っていくうちにたどり着いた自分です。

　ここまで、わたしが思うことをただただ綴らせていただいたので、誰かの役に立てる自信はありませんが、少しでも共感し合えることがありましたらとても幸せです。最後まで読んでくださり、本当にありがとうございました。

　最後になりましたが、インスタグラムやブログをフォローしてくださっている皆さま、私の家が建っている里山の風景を守り育ててくださっている、里山暮らしの師匠、末原一人さん、末原明さん、お隣の井上さんと桑原さん、折々に助けてくださる地域の皆さま方に、この場をお借りしてお礼申し上げます。いつもありがとうございます。

このすてきな機会をいただいた婦人之友社の小幡麻子さんと山下謙介さん、デザイナーの中島美佳さん、カメラマンの小野慶輔さんに心から感謝いたします。そして、いつも私の幸せの源である、子どもたち、優真、ちひろ、こはる、妻のひとみに感謝を捧げます。すべては、家族と皆さまのおかげです。

2023年　実りの秋に

加賀江広宣

加賀江広宣（かがえ・ひろのぶ）
1980年長崎市生まれ。高校でインテリアを学んだ後、九州産業大学建築学科、同大学院建築学専攻修士課程修了。ゼネコンの施工管理、住宅会社の営業を経て、2010年株式会社シンケンに入社。2013年、鹿児島市中心街から少し離れた里山に家を建て、太陽、風、木々のにおいを感じる暮らしを楽しみながら、Instagramで発信する。妻、長男、長女、次女との5人暮らし。
https://instagram.com/kagae_hironobu/

装丁・本文デザイン…中島美佳
アシスタントデザイン…羽柴亜瑞美
PD…髙柳 昇（東京印書館）
撮影…小野慶輔
（カバー、表紙、p1、2-3、9、11、12、16、19、20-21、23、24、27、28-29、66、81、87、119、121、122、125、126）
加賀江広宣（上記外）

# 住む、ということ
## 里山のちいさな暮らし

2023年12月10日　第1刷発行

著　者……加賀江広宣
編集人……小幡麻子
発行人……入谷伸夫
発行所……株式会社 婦人之友社
〒171-8510　東京都豊島区西池袋2-20-16
電話　03-3971-0101（代表）
https://www.fujinnotomo.co.jp/
印　刷
製　本……株式会社 東京印書館


ISBN 978-4-8292-1037-6

『住む、ということ』付録

# 「ふだんをいちばんの幸福に」家づくりマップ

**家族の年表**

| | 現在 | 5 | 10 | 15 | 20 | 25 | 30 | 35 | 40 | 45 | 50 | 年後 |
|---|---|---|---|---|---|---|---|---|---|---|---|---|
| 家族の名前 | 年齢 | | | | | | | | | | | |
| | | | | | | | | | | | | |
| | | | | | | | | | | | | |
| | | | | | | | | | | | | |
| | | | | | | | | | | | | |
| | | | | | | | | | | | | |

⬇

子ども小学生期間　今から　年後まで

子ども中・高校生期間　年後まで

夫婦２人で過ごす期間　年間

⬇

**土地選びの条件**

大切にしたいこと（優先順）

1,

2,

3,

妥協できること

切り取ってお使いください。

ふだんを振り返って、うれしいときはどんなとき?

| 妻 | 夫 |
| --- | --- |
| | |

↓

家づくりのテーマ

新しい暮らしのイメージ（○○な暮らしにしたい、○○な時間を過ごしたいなど）

↑

| 大切にしたい夫婦時間の過ごし方(今と老後と) | 大切にしたい家族時間の過ごし方 | 子育てで大切にしたいこと |
| --- | --- | --- |
| 今 | | |
| 老後 | | |